U0558913

纸数融合式中国国情教材

中国百题

主编 鹿钦伎 姚远

副主编
曾柱 裴雨来 高思畅 张胜勇
李秉震 刘涛 刘静静

编者
鹿钦伎 马乔 陆嘉辰 章秀文 韩梦玲
王宏伟 王旖 徐吉 姚远 张秀丽
刘静静 高思畅

译者
张秀丽 李岱萱 朴善姬 徐吉 张子桥
张丽云 戴云龙 张雪婷 张雯娅 陈楚翘
张文倩 高贤珠
ESRAA AYOUB ATA AYOUB
ROZA DASSIYEVA
AKERKE ASSYLBEKOVA
ANASTASIIA ZAPRUDNOVA

上海外语教育出版社
SHANGHAI FOREIGN LANGUAGE EDUCATION PRESS

图书在版编目（CIP）数据

中国百题 / 鹿钦佞，姚远主编. -- 上海：上海外
语教育出版社，2024
ISBN 978-7-5446-7942-8

Ⅰ.①中… Ⅱ.①鹿… ②姚… Ⅲ.①汉语—对外汉
语教学—教材 ②中国—概况 Ⅳ.①H195.4②D61

中国国家版本馆 CIP 数据核字（2024）第006209号

出版发行：**上海外语教育出版社**
　　　　　（上海外国语大学内） 邮编：200083
电　　话：021-65425300 (总机)
电子邮箱：bookinfo@sflep.com.cn
网　　址：http://www.sflep.com
责任编辑：杨莹雪

印　　刷：上海中华印刷有限公司
开　　本：787×1092　1/16　印张 12.25　字数 236 千字
版　　次：2024 年 8 月第 1 版　2024 年 8 月第 1 次印刷

书　　号：ISBN 978-7-5446-7942-8
定　　价：49.00 元

本版图书如有印装质量问题，可向本社调换
质量服务热线：4008-213-263

前言

　　任何第二语言的学习都不仅仅是语言知识和语言技能的训练，文化和跨文化能力的培养对第二语言学习者来说同样至关重要。正因如此，近年来，教育部等部门陆续出台相关文件，要求高校面向国际学生开展中国国情教育。国情教育能够很好地增进国际学生对中国历史、中国思想、中国社会、中国治理模式和治理方案的了解，是加强国际学生认识中国文化、理解中国历史和现状、学会用正确的视角和合理的立场来解读中国的必要举措。

　　在这一背景下，全国各高校面向不同国别、不同类型、不同专业、不同中文水平的国际学生开展了形式多样的中国国情教育，多数学校均开设了诸如"中国概况""中国国情"等国情类相关课程。然而，中国国情课讲什么、谁来讲、怎么讲，仍然是各高校面临的难题。

　　基于此，由上海外国语大学牵头，华东师范大学、首都师范大学、上海大学、东北师范大学、陕西师范大学等多所高校的十余位专家学者联合开发了一套集基础知识和中高阶内容、知识讲授和能力塑造、纸质资源和数字资源于一体的新形态纸数融合式来华留学国情教材——《中国百题》。教材具备以下几点鲜明的特色：

第一，纸数融合。

　　本教材由纸质教材和数字资源共同构成。知识讲授环节全部制作成微课视频，以数字化课程的形式呈现。这部分内容在纸质教材上不再以文字形式出现。纸质教材主要呈现的是课程框架、语言清单、思考题、拓展学习资源与任务等。

　　纸数融合的形态跳出了传统纸质教材单一媒介的模式，文、音、画、像多模态的学习资源更为直观、生动，可适应不同学习心理特征的学生，更容易刺激各类学习者的学习兴趣，延长学习兴奋期，从而提高学习效率。

纸数融合式的图书不仅可作为主教材满足高校组织课堂教学之用，也可作为一般读物满足普通外国读者自学的需求。

第二，兼顾基础知识的铺垫与中高阶能力的培养。

本教材的首要目的是知识传授，对中国国情领域最为基础的知识做全景式铺陈，旨在帮助学生建构框架性的知识体系。本教材设计了有关中国十二大领域的知识，通过 100 个视频让学生对中国国情形成基本、全面的认识。每一节微课讲述一个话题。微课设计遵从"压干水分、抓大放小、短小精悍、速战速决"的理念，力求确保"含金量"。微课视频平均时长约 4—5 分钟，非常适合学生快速、准确地了解一个知识点。本教材中封闭式、半开放式的练习和问答活动可检测学生学习基本知识的效果，也能帮助学生构建知识体系。

与此同时，本教材也为有更高要求的同学提供有挑战度、高阶性的拓展学习素材，这部分素材可使学生在建构知识框架的基础上完成高层次的思考；活动类、研究型的课后任务形式灵活、不拘一格，着重引导国际学生对中国人的价值观念、社会发展现状、国家治理模式、中国的道路选择等形成正确的理解，对某些领域有更为深入的思考，能够分析和解决较为复杂的问题。这些都可以有效地训练国际学生初步具备"讲好中国故事""传播中国声音"的意识和能力。这部分学习任务难度较大，教师们可根据学生特点合理安排和组织，有较高的自由度和延展度。

第三，便于开展线上线下混合式教学。

对于国情类课程教学来说，线上线下混合式教学有着天然的优势，能为高校解决一系列难题，例如教学力量不充分、不专业的问题，教学课时不足的问题，传统课堂趣味性偏低的问题，知识、能力、实践等环节各自为营的问题……本教材的体例十分便于开展线上线下混合式教学。每一章均由六个部分组成：一、本章回答的问题，二、

在线学习，三、在线练习，四、回答问题，五、拓展学习，六、研究与实践。一至三部分可以作为线上自主学习环节，而四至六部分则建议在线下由师生合作共同完成。线上与线下环节的分立与融合体现了教学内容与教学目标的分阶意图。

此外，微课课程的授课逐字稿也会作为数字资源的一部分搭载于数字平台上供师生参考，为有条件的高校开展全线下教学提供支持。

第四，兼顾国情学习与中文学习。

本教材中的微课视频对教师语言进行较为严格的控制，尽量把词汇和语法难度控制在《国际中文教育中文水平等级标准》所规定的中等水平。同时，我们为每章的微课都配了两份语言清单，列有五级以上的重点词汇和重要语法，并作了简单的解释。这个环节一方面有助于学生更好地理解授课内容，另一方面也能引导学习者在学习中国国情的同时兼顾学习语言。

本教材的微课视频用中文讲授，配有中英双语字幕，这一安排对于不同中文水平的学习者来说是非常有利的。

第五，平台资源动态开放。

本教材的数字资源搭载于上海外语教育出版社专业化数字平台 WE Learn 上，可以在 PC 端、移动端等设备上使用。该平台兼具资源搭载、教学管理、测试评估、成绩管理、讨论互动、资源共享等功能。使用本教材的师生可以使用平台上的教材固有资源，此外，授课教师还可以发布个性化的教学资源供学生学习。教材资源的延伸与拓展是动态开放的，有利于开展教学的高校和教师形成各自的教学资源生态体系。

第六，内容选取注重经典性与鲜活性的统一。

本教材在内容选取上特别重视经典性，同时注重生动性与鲜活性，这既表现在微课的授课内容方面，也表现在教材的拓展资源和训练任务方面。

本教材注意吸取中国古代及现当代相对稳定的、已经形成广泛共识的内容，这些内容大多来自各类权威资料和教科书，其经典性与准确性经得起考验。

本教材所介绍的中国方方面面的知识也尽量照顾到最新的情况，例如《人口与计划生育法》的修订、"绿水青山就是金山银山"的理念、"一带一路"建设的最新进展、中国空间站的全面建成、经济发展新常态、脱贫攻坚战的全面胜利、乡村振兴战略的扎实推进等内容都是十分鲜活的，能够及时传达中国高质量发展的现状及其蕴含的中国经验。特别值得指出的是，本教材积极吸取了中国共产党第二十次全国代表大会报告中的最新内容，如"中国式现代化""江山就是人民，人民就是江山"等理念，可以让国际学生更清楚地认识中国当前和未来的发展方向。

中国国情教育是来华留学教育领域的一个老话题，同时，新时代又赋予其崭新的使命与更为丰富的内涵。在这样的背景下，编写一本全新的中国国情教材使命光荣，责任重大。我们十余位编者经过三年的连续奋战，终于让这本《中国百题》如期与读者见面。或许它还不够成熟，还有很多不足，我们欢迎您的指正。当然，我们更希望这本教材能够令广大师生眼前一亮，为您带去惊喜和与众不同的使用体验。

鹿钦佞

2024 年 3 月 10 日

目录

第一章 基本国情   2
- 一、本章回答的问题   2
- 二、在线学习   4
- 三、在线练习   8
- 四、回答问题   9
- 五、拓展学习   10
- 六、研究与实践   13

第二章 环境与资源   14
- 一、本章回答的问题   14
- 二、在线学习   16
- 三、在线练习   20
- 四、回答问题   21
- 五、拓展学习   22
- 六、研究与实践   25

第三章 历史   26
- 一、本章回答的问题   26
- 二、在线学习   28
- 三、在线练习   32
- 四、回答问题   33
- 五、拓展学习   34
- 六、研究与实践   37

第四章 中国哲学   38
- 一、本章回答的问题   38
- 二、在线学习   40
- 三、在线练习   44
- 四、回答问题   45
- 五、拓展学习   46
- 六、研究与实践   51

第五章 宗教   52
  一、本章回答的问题   52
  二、在线学习   54
  三、在线练习   58
  四、回答问题   59
  五、拓展学习   60
  六、研究与实践   63

第六章 文学   64
  一、本章回答的问题   64
  二、在线学习   66
  三、在线练习   70
  四、回答问题   71
  五、拓展学习   72
  六、研究与实践   75

第七章 艺术   76
  一、本章回答的问题   76
  二、在线学习   78
  三、在线练习   82
  四、回答问题   83
  五、拓展学习   84
  六、研究与实践   87

第八章 语言文字   88
  一、本章回答的问题   88
  二、在线学习   90
  三、在线练习   94
  四、回答问题   95
  五、拓展学习   96
  六、研究与实践   99

第九章 经济   100

    一、本章回答的问题   100

    二、在线学习   102

    三、在线练习   106

    四、回答问题   107

    五、拓展学习   108

    六、研究与实践   111

第十章 科技   112

    一、本章回答的问题   112

    二、在线学习   114

    三、在线练习   118

    四、回答问题   119

    五、拓展学习   120

    六、研究与实践   123

第十一章 民生事业   124

    一、本章回答的问题   124

    二、在线学习   126

    三、在线练习   130

    四、回答问题   131

    五、拓展学习   132

    六、研究与实践   135

第十二章 风俗习惯   136

    一、本章回答的问题   136

    二、在线学习   138

    三、在线练习   142

    四、回答问题   143

    五、拓展学习   144

    六、研究与实践   147

练习参考答案   148

问题总表   149

词汇总表   154

语法总表   182

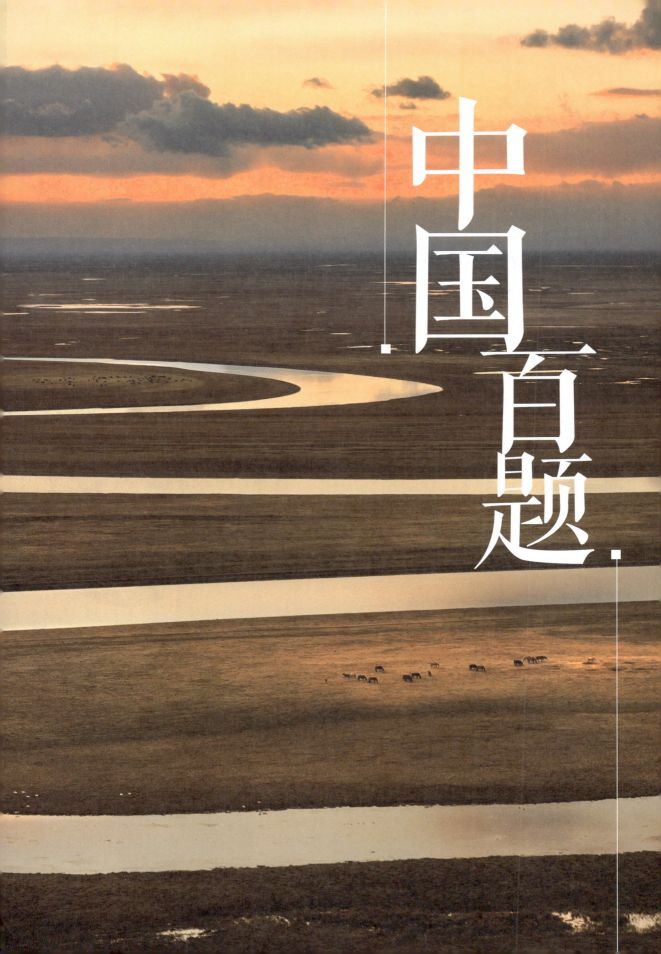

中国自题.

一 本章回答的问题

- **问题 1：中国人口和民族的特点有哪些？**

  视频 1 将回答这个问题。视频 1 重点介绍中国人口和民族的情况。视频时长约 8 分钟。

- **问题 2：中国在哪儿？**

  视频 2 将回答这个问题。视频 2 重点介绍中国的地理位置与国土面积。视频时长约 7 分钟。

第一章
基本国情

- **问题 3：中国的行政区划是怎样的？**

  视频 3 将回答这个问题。视频 3 重点介绍中国的行政区划体系。视频时长约 8 分钟。

- **问题 4：中国的城市与农村有什么不同？**

  视频 4 将回答这个问题。视频 4 重点介绍中国的城市和农村，以及城乡差异。视频时长约 7 分钟。

二 在线学习

这一部分，我们将学习视频 V1—V4。在学习视频前，请预习视频中的重点词汇和重要语法。

（一）重点词汇

	词汇	拼音	词性	英译	等级
1	国情	guóqíng	名	national conditions	7—9
2	广袤	guǎngmào	形	expansive	超
3	领土	lǐngtǔ	名	territory	7—9
4	历程	lìchéng	名	course	7—9
5	素质	sùzhì	名	quality	6
6	平衡	pínghéng	名	balanced; not lopsided; even	6
7	城镇	chéngzhèn	名	cities and towns	6
8	老龄化	lǎolínghuà	名	aging	超
9	提倡	tíchàng	动	advocate; promote	5
10	生育	shēngyù	动	give birth to; bear; produce	7—9
11	政策	zhèngcè	名	policy	6
12	宪法	xiànfǎ	名	constitution; constitutional law	7—9
13	行使	xíngshǐ	动	exercise; perform	7—9
14	优越	yōuyuè	形	superior; advantageous	7—9
15	行政	xíngzhèng	名	administration	7—9
16	介于	jièyú	动	lie between	7—9
17	服饰	fúshì	名	dress and personal adornment	7—9
18	民歌	míngē	名	folk song	6
19	英雄	yīngxióng	名	hero	6
20	史诗	shǐshī	名	epic	超
21	丰收	fēngshōu	动	have a rich harvest	5
22	盛会	shènghuì	名	distinguished gathering	7—9
23	古典	gǔdiǎn	形	classical	6
24	隆重	lóngzhòng	形	grand; solemn; ceremonious	7—9
25	纺织	fǎngzhī	动	spin and weave	7—9
26	雕刻	diāokè	名	sculpture; carving	7—9
27	口头	kǒutóu	形	oral; verbal	7—9
28	幅员	fúyuán	名	territory	超
29	辽阔	liáokuò	形	vast; extensive; immense	7—9
30	接壤	jiērǎng	动	border	超
31	边界	biānjiè	名	territorial boundary; border	7—9
32	航道	hángdào	名	channel; course	超
33	境内	jìngnèi	名	area inside the borders	7—9
34	珍稀	zhēnxī	形	rare	超
35	野生	yěshēng	形	wild; uncultivated; feral	6
36	极光	jíguāng	名	aurora	超
37	主权	zhǔquán	名	sovereign rights; sovereignty	7—9
38	岛屿	dǎoyǔ	名	islands; islands and islets	7—9

	词汇	拼音	词性	英译	等级
39	交汇	jiāohuì	动	converge	超
40	邻国	línguó	名	neighbouring country	7—9
41	桥梁	qiáoliáng	名	bridge	6
42	海拔	hǎibá	名	altitude; elevation	7—9
43	荒漠	huāngmò	名	desert; wilderness	超
44	生态	shēngtài	名	ecology	7—9
45	濒危	bīnwēi	动	endanger	超
46	物种	wùzhǒng	名	species	超
47	栖息	qīxī	动	inhabit; perch	超
48	探险	tànxiǎn	动	explore; make explorations	7—9
49	时区	shíqū	名	time zone	超
50	海域	hǎiyù	名	sea area; maritime space	7—9
51	海岸	hǎi'àn	名	seacoast; coast; seashore	7—9
52	领海	lǐnghǎi	名	territorial sea	超
53	海峡	hǎixiá	名	strait; channel	7—9
54	地理	dìlǐ	名	geography	7—9
55	省会	shěnghuì	名	provincial capital	超
56	分割	fēngē	动	break up; cut apart	7—9
57	管辖	guǎnxiá	动	have jurisdiction over	7—9
58	港口	gǎngkǒu	名	port; harbour	6
59	金融	jīnróng	名	finance; banking	6
60	繁华	fánhuá	形	prosperous; thriving	7—9
61	矿产	kuàngchǎn	名	mineral	超
62	恢复	huīfù	动	recover; regain	5
63	朝代	cháodài	名	dynasty; reign of an emperor	7—9
64	狭义	xiáyì	名	narrow sense	超
65	简称	jiǎnchēng	名	abbreviation; short form	7—9
66	高科技	gāokējì	名	high technology	6
67	互动	hùdòng	动	interact	6
68	耕地	gēngdì	名	arable/cultivated land	7—9
69	劳动力	láodònglì	名	labour	7—9
70	滞后	zhìhòu	动	lag behind	7—9
71	贫困	pínkùn	形	impoverished; needy; destitute	6
72	小康	xiǎokāng	形	relatively well-off	7—9
73	户籍	hùjí	名	domicile; household register	超
74	多姿多彩	duōzī-duōcǎi		colorful	超
75	独树一帜	dúshù-yízhì		fly one's own colors	超
76	冰天雪地	bīngtiān-xuědì		a world of ice and snow	超
77	翻天覆地	fāntiān-fùdì		be vehement/wild	7—9

（二）重要语法

1. 尤为【七—九010】

程度副词，表示特别，多用在双音节的形容词前。

(1) 葡萄中的维生素含量尤为丰富。

(2) 他对自己的要求尤为严格。

(3) 城镇常住人口持续增加，其中长三角、珠三角等主要城市群人口增长尤为迅速。

2. 所【六22】

结构助词"所"用在及物动词之前，使"所+动"成为名词性短语，多用于书面。

(1) 你所做的每件事我都支持。

(2) 这部电影正是我所感兴趣的。

(3) 在这56个民族所组成的大家庭中，汉族人口最多。

3. 基于【七—九52】

介词，用于引出凭借或依据。

(1) 这两种不同的人生态度是基于对人生不同的理解。

(2) 你的结论都基于假设，所以不可信。

(3) 为了维护国家统一、实现民族团结、和谐发展，基于基本国情，中国坚持民族平等团结，实行民族区域自治。

4. 极为【七—九005】

程度副词，表示"非常、特别"的意思。

(1) 能源汽车的发展前景极为广阔。

(2) 藏戏是一种独特的戏剧艺术，拥有众多的艺术品种和流派，是极为宝贵的文化财富。

（三）学习视频V1—V4

看视频V1—V4，完成下列练习题。

（一）判断正误

1. 民族区域自治地方包括少数民族自治区、少数民族自治州、少数民族自治县。 （　　）
2. 中国领土的最北边在曾母暗沙。 （　　）
3. 中国面积最小的省是海南省，它的省会城市是三亚。 （　　）
4. 各省级行政区都有简称，有的取用全名中的一个字，例如北京简称"京"，辽宁简称"宁"，香港简称"港"等。 （　　）
5. 上海既是中国的直辖市，又是常住人口超1 000万的"超大城市"。 （　　）

（二）单项选择

1. 第七次全国人口普查结果显示，中国总人口约为_____人。
   A. 12.43亿　　　　B. 13.43亿　　　　C. 14.43亿　　　　D. 15.43亿

2. "三月三"歌节是_____最具特色的传统节日，被列入非物质文化遗产代表性项目名录。
   A. 蒙古族　　　　B. 壮族　　　　C. 藏族　　　　D. 高山族

3. 中国的国土面积约为_____。
   A. 860万平方公里　　　　　　　　B. 720万平方公里
   C. 660万平方公里　　　　　　　　D. 960万平方公里

4. 民族自治区是中国少数民族聚居地设立的省级民族区域自治地方，中国现有_____个民族自治区。
   A. 4　　　　B. 5　　　　C. 6　　　　D. 7

5. 2021年7月1日，在中国共产党成立100周年大会上，习近平主席庄严宣告中国已经全面建成_____，历史性地解决了绝对贫困问题。
   A. 和谐社会　　　B. 小康社会　　　C. 法治社会　　　D. 工业社会

四 回答问题

1. 请简要说明中国的人口情况。
2. 请简要说明中国的地理位置。
3. 请简要说明中国的行政区划体系。
4. 中国的城市与农村有哪些不同？

（一）阅读材料，回答问题

当代中国行政区域类型的基本形成

中国行政区划萌芽于公元前21世纪，夏、商、西周"封诸侯建藩卫"；春秋时期，县多设于富庶的内地，郡则多置于边疆；自秦统一始，秦、汉实行的是郡、县两级制，魏、晋、南北朝为州、郡、县三级制；隋、唐、五代、宋、辽时代以道、路为行政主体框架；元代经明、清至民国，实行行省制。总体看来，近代及其以前，中国行政区划中的省、县制历史长久。中华人民共和国成立后，随着社会生产力的发展，行政区划承继历史传统，并在一定程度上进行制度创新，省、县、乡三级制得以基本确立，并在局部变更中持续稳定下来。除省、县、乡外，相当于省的建制还有民族自治区、直辖市，界于省、县间有地级市、州、盟，与县制相当的是县级市、旗，与乡制相当的则是镇、民族乡等。这些一起构成中国行政区划、行政区域的历史与现实的基本规范。此外，香港、澳门、台湾问题是近代历史遗留问题。香港、澳门已由中国中央政府恢复行使主权；台湾作为一个省，是中国领土不可分割的一部分。对这些问题的现实与未来的政治解决，反映在行政管理上，逐步形成中国行政区划、行政区域的一个时代特征。

节选自宋月红《行政区划与当代中国行政区域、区域行政类型分析》，略有改编

发表于《北京大学学报》，1999年第4期

1. 请查阅工具书或与同学讨论，谈一谈你怎么理解下面的词语。

　　（1）诸侯　　　　（2）富庶　　　　（3）边疆　　　　（4）郡县制

　　（5）行省制　　　（6）民族自治区　　（7）直辖市　　　（8）地级市

2. 小组讨论，回答下列问题。

　　（1）中国的行政区划经历了哪些变化？

　　（2）谈谈中国的民族区域的行政名称有什么特点？

　　（3）为什么说香港、澳门、台湾问题是中国近代历史的遗留问题？

（二）查一查，说一说

　　深圳是随着中国改革开放成长起来的一个新兴的移民城市，它创造了举世瞩目的"深圳速度"，被誉为"中国硅谷"。1980年以前，深圳还是一个落后的边陲小镇，40多年来，深圳发生了天翻地覆的变化，如今已经发展成一座拥有1 760多万常住人口的现代化国际化大都市，创造了世界发展史上的奇迹。深圳和香港、澳门、广州一同构成了粤港澳大湾区四大中心城市。深圳既是中国向世界展示改革开放成就的重要窗口，也是国际社会观察中国改革开放的重要窗口。

　　请查阅相关资料，回答下列问题。

1. 举例说明深圳在改革开放以来的40余年里经历了怎样的变化？

2. 从人口密集度、经济活跃度、城乡关系等方面谈一谈中国城市的发展。

3. 粤港澳大湾区是中国的国家级城市群之一。除粤港澳大湾区之外，中国还发展出了哪些著名的城市群？说说这些城市群的发展现状。

（三）看图说话

请与同学讨论下列图片中的内容代表的是中国哪个少数民族的文化？查阅资料，讲讲这个民族的特点。

六 研究与实践

请选择下列任务中的一个，尝试撰写一篇研究报告，或者拍摄一个5—8分钟的小视频。

1. 搜集一些实例，说明中国的民族区域自治政策。
2. 世界上很多国家都有人口老龄化的社会现象，谈一谈你的国家是如何应对该问题的。
3. 中国各少数民族的文化多姿多彩，语言、服饰、饮食、音乐、舞蹈和节日等方面各有不同。查阅资料，选择你感兴趣的一个方面进行研究。
4. 中国的城乡在人口规模、自然环境、经济发展、教育水平、生活方式、收入水平、社会保障等方面存在一些差异，选择你感兴趣的一个方面，谈谈你的看法。
5. 尝试向你的同胞介绍中国的基本国情。

一 本章回答的问题

- **问题 5：中国的地形是怎样的？**
  视频 5 将回答这个问题。视频 5 重点介绍中国的地形地貌特征。视频时长约 4 分钟。

- **问题 6：中国的气候是怎样的？**
  视频 6 将回答这个问题。视频 6 重点介绍中国的气候类型。视频时长约 4 分钟。

- **问题 7：中国有哪些河流与湖泊？**
  视频 7 将回答这个问题。视频 7 重点介绍中国主要的河流与湖泊。视频时长约 5 分钟。

- **问题 8：中国的近海与岛屿有哪些？**
  视频 8 将回答这个问题。视频 8 重点介绍中国的四大领海与三大岛屿。视频时长约 5 分钟。

第二章
环境与资源

- **问题 9：中国有哪些名山？**
  视频 9 将回答这个问题。视频 9 重点介绍中国的主要山脉和五座名山——五岳。视频时长约 4 分钟。

- **问题 10：中国的可再生资源与矿产资源有哪些？**
  视频 10 将回答这个问题。视频 10 重点介绍中国的可再生资源与矿产资源。视频时长约 3 分钟。

- **问题 11：中国有哪些动植物资源？**
  视频 11 将回答这个问题。视频 11 重点介绍中国的动植物资源。视频时长约 2 分钟。

- **问题 12：中国采取了哪些环境保护措施？**
  视频 12 将回答这个问题。视频 12 重点介绍中国的环境情况及环境保护措施。视频时长约 3 分钟。

二　在线学习

　　这一部分，我们将学习视频 V5—V12。在学习视频前，请预习视频中的重点词汇和重要语法。

（一）重点词汇

	词汇	拼音	词性	英译	等级
1	国土	guótǔ	名	territory; land	7—9
2	地形	dìxíng	名	topography; terrain	5
3	再生	zàishēng	动	reprocess; recycle; regenerate	6
4	贡献	gòngxiàn	名	contribution; dedication	6
5	疆域	jiāngyù	名	territory	超
6	地貌	dìmào	名	landform	超
7	地势	dìshì	名	terrain	超
8	阶梯	jiētī	名	flight of stairs; ladder	7—9
9	山脉	shānmài	名	mountain range	超
10	分界	fēnjiè	名	boundary; dividing line	超
11	水利	shuǐlì	名	water conservancy/control	7—9
12	盆地	péndì	名	basin	超
13	丘陵	qiūlíng	名	hills	7—9
14	广义	guǎngyì	名	broad/large/enlarged sense	7—9
15	摇篮	yáolán	名	cradle	7—9
16	发源地	fāyuándì	名	place of origin; birthplace	7—9
17	牧场	mùchǎng	名	grazing land; pastureland	7—9
18	覆盖	fùgài	动	cover	7—9
19	奇迹	qíjì	名	miracle; wonder	7—9
20	疏松	shūsōng	形	loose	超
21	侵蚀	qīnshí	动	erode	超
22	植被	zhíbèi	名	vegetation	超
23	流失	liúshī	动	be washed away; be eroded	7—9
24	峡谷	xiágǔ	名	gorge; canyon	7—9
25	内陆	nèilù	名	inland; interior	超
26	能源	néngyuán	名	energy	7—9
27	聚宝盆	jùbǎopén	名	treasure trove	超
28	储量	chǔliàng	名	(mineral) reserves	超
29	湿润	shīrùn	形	moist; damp; humid	7—9
30	肥沃	féiwò	形	fertile; rich	7—9
31	棉花	miánhuā	名	cotton	7—9
32	纬度	wěidù	名	(geography) latitude	7—9
33	干旱	gānhàn	形	(of soil or weather) dry; arid	7—9
34	时空	shíkōng	名	space and time	7—9
35	沿海	yánhǎi	名	coastal areas	6
36	农作物	nóngzuòwù	名	crops	7—9
37	流域	liúyù	名	river basin	7—9
38	航运	hángyùn	名	shipping	7—9
39	祖先	zǔxiān	名	ancestors; forbears; forefathers	7—9
40	开凿	kāizáo	动	excavate	超

	词汇	拼音	词性	英译	等级
41	运河	yùnhé	名	canal	7—9
42	修建	xiūjiàn	动	build; construct; erect	5
43	候鸟	hòuniǎo	名	migratory bird	超
44	蓄洪	xùhóng	动	flood storage	超
45	特产	tèchǎn	名	speciality; special local product	7—9
46	水库	shuǐkù	名	reservoir	5
47	弧形	húxíng	名	arc	超
48	环绕	huánrào	动	surround; encircle	7—9
49	沿岸	yán'àn	名	regions along the bank/coast	7—9
50	密度	mìdù	名	density; thickness	7—9
51	通道	tōngdào	名	passageway; channel	6
52	边缘	biānyuán	名	edge; brink; fringe	6
53	生物	shēngwù	名	organism; living thing/being	7—9
54	海湾	hǎiwān	名	bay; gulf	6
55	宝库	bǎokù	名	treasure-house; treasury	7—9
56	基因	jīyīn	名	gene	7—9
57	骨架	gǔjià	名	skeleton	超
58	山峰	shānfēng	名	(mountain) peak	6
59	碰撞	pèngzhuàng	动	collide; crash into	7—9
60	冰川	bīngchuān	名	glacier	超
61	火炬	huǒjù	名	torch	7—9
62	分水岭	fēnshuǐlǐng	名	watershed	超
63	屏障	píngzhàng	名	barrier	超
64	煤炭	méitàn	名	coal	7—9
65	排放	páifàng	动	drain off; release; give off; emit	7—9
66	容量	róngliàng	名	capacity	7—9
67	光伏	guāngfú	形	photovoltaic	超
68	崛起	juéqǐ	动	rise to prominence; spring up	7—9
69	使者	shǐzhě	名	emissary; envoy; messenger	7—9
70	奇特	qítè	形	peculiar; singular; queer; unusual	7—9
71	诞生	dànshēng	动	be born; come into existence	6
72	灭绝	mièjué	动	exterminate; become extinct	7—9
73	进程	jìnchéng	名	course; process	7—9
74	国策	guócè	名	national policy	超
75	指数	zhǐshù	名	exponent; index number; index	6
76	威胁	wēixié	动	threaten; menace; imperil	6
77	理念	lǐniàn	名	idea; concept	7—9
78	低碳	dītàn	形	low-carbon	7—9
79	履行	lǚxíng	动	carry out; perform; fulfil	7—9
80	地大物博	dìdà-wùbó		a vast territory with rich resources	超
81	化险为夷	huàxiǎnwéiyí		turn danger into safety	7—9
82	得天独厚	détiāndúhòu		be particularly favoured by nature	7—9
83	错综复杂	cuòzōng-fùzá		intricate; complex	7—9

（二）重要语法

1. 以……为【七一九083】

一种固定格式，意思是"把……作为……"。

(1)我们不能以自己为中心，要考虑别人的感受。

(2)她以和平为主题，创作了一部小说。

(3)中国一直致力于环境保护事业，以建设美丽中国为目标，是全球生态保护的重要贡献者。

2. ……，也就是说……【七一九125】

用于解说关系复句，"也就是说"后面的部分是对前面部分的解说。

(1)这是我的决定，也就是说不关你的事。

(2)长江流域面积约占中国陆地总面积的20%，也就是说，中国近五分之一的土地属于长江流域。

3. ……，而……（则）……【七一九106】

用于转折关系的复句。

(1)绝大多数的人用感觉来思考，而我则用思考来感觉。

(2)北方人过春节往往吃饺子，而南方人的习俗则是吃汤圆。

(3)青藏高原上湖泊比较集中，多为咸水湖，而长江中下游地区则分布着中国最大的淡水湖群。

4. 因……而……【七一九84】

表示原因的固定格式。

(1)我经常看到他因一件小事而快乐的场景。

(2)她胆子很大，不会因一些奇怪的声音而害怕。

(3)扬子鳄因产于扬子江而得名，是中国特有的一种小型鳄类。

（三）学习视频V5—V12

看视频V5—V12后，完成下列练习题。

（一）判断正误

1. 东北平原是中国最大的平原，以"黑土"著称。 （　　）
2. 喜马拉雅山脉是世界上最古老的山脉。 （　　）
3. 台湾岛是中国第一大岛，被誉为"中国东南海上的明珠"。 （　　）
4. 五岳包括东岳泰山、西岳华山、中岳嵩山、南岳庐
   山、北岳恒山。 （　　）
5. 京杭大运河是世界上开凿最早且最长的运河。 （　　）

（二）单项选择

1. 从北到南的四大海域——渤海、黄海、东海和_____是中国的领
   海。
   A. 西海　　　　　B. 南海　　　　　C. 北海　　　　　D. 青海

2. 中国的四大高原中，被称为"世界屋脊"的是_____。
   A. 青藏高原　　　B. 内蒙古高原　　C. 黄土高原　　　D. 云贵高原

3. _____与秦岭是中国南北方的天然分界线。
   A. 黄河　　　　　B. 长江　　　　　C. 济水　　　　　D. 淮河

4. _____是中国第一大湖，也是中国最大的咸水湖。
   A. 青海湖　　　　B. 纳木错　　　　C. 鄱阳湖　　　　D. 洞庭湖

5. 被生物学家誉为天然的"物种基因库"和最大的"自然博物馆"的
   _____是中国的第二大岛。
   A. 台湾岛　　　　B. 崇明岛　　　　C. 海南岛　　　　D. 舟山群岛

四 回答问题

1. 请简要介绍中国的地势与地貌类型。

2. 请简要说明中国的气候类型。

3. 请简要介绍中国的五岳。

4. 请简要介绍中国的四大淡水湖。

5. 请简要介绍中国的动植物资源。

五 拓展学习

（一）阅读材料，回答问题

地理环境的封闭性与政治的统一性

中国位于亚洲东部，西起帕米尔高原，东临太平洋，北接西伯利亚原始森林和苔原冻土地带，东南濒海，西南是山；四周有自然屏障，内部有结构完整的体系，形成一个封闭独立的地理单元。这一地区在古代居民的概念里是人类得以繁衍、生息的唯一的一块土地，因而称之为"天下"，又因为四面环海，故称"四海之内"，《诗经·商颂》中即有"邦畿（bāngjī）千里，维民所止，肇（zhào）域彼四海"的诗句。这种地理环境的整体的统一性，极有利于产生"百川归海，心向统一"的大统一思想，并在很大程度上影响着历史上政治形式的发展。这种影响主要表现在：第一，外敌不易入侵，亦使历史上中国各民族的活动具有自然的内向性。世界上其他灿烂的古代文明均在外敌入侵下消失，"只有黄河、长江流过的那个中华帝国是世界上唯一持久的国家，征服无从影响这样一个帝国"。[1]第二，地域辽阔，地形复杂，内地农耕社会即黄河、长江、珠江三大水系所流经的地区是地理条件最好的地区，地势低平，交通往来方便，水热资源丰富，农业经济发达，易于构成统一的核心。第三，内地农耕社会先进的经济、文化对周边地区具有极强的凝聚力和向心力，这种凝聚力和前述内向性相结合，成为维系中华民族各族间联系的纽带。第四，大河（黄河、长江）流域需要中央集权政府执行公共工程的职能。关于这一点，冀朝鼎先生在《中国历史上的基本经济区与水利事业的发展》一书中亦明确指出了水利事业的发展与封建专制的强化之间的密切关系。因此，自秦汉以来，中国虽然不止一次地出现分裂割据的局面，但每一次的分裂都形成更高强度的统一。无论分裂还是统一的斗争，都没有超出这个封闭地理环境之外，正是这种封闭性，使各种力量在同一空间里消长，最后结果是统一占了上风，亦即中国历史发展的主流。

节选自李燕、司徒尚纪《地理环境与中国历史发展的多元一体格局》
发表于《地域研究与开发》，2000年第6期

---

1 黑格尔. 历史哲学［M］. 北京：生活·读书·新知三联书店，1956.

1. 请查阅工具书或与同学讨论，谈一谈你怎么理解下面的词句。

　　（1）封闭独立的地理单元　　（2）天下　　　　（3）四海之内

　　（4）邦畿千里，维民所止，肇域彼四海　　　　　（5）百川归海，心向统一

　　（6）大统一　　　　　　　（7）内向性　　　　（8）黑格尔

　　（9）农耕社会　　　　　　（11）凝聚力和向心力　（12）秦汉

　　（13）分裂割据　　　　　（14）封闭性

2. 小组讨论，回答下列问题。

　　（1）请描述中国所处的周围地理环境。

　　（2）根据本文的观点，中国的自然环境对中国的历史、政治、社会发展是否产生
　　　　了影响？

　　（3）从古至今，中国人善于自我保护，但不善于向外扩张；中国人独立自主，不喜
　　　　欢干预、侵犯别国。请谈谈中国人的特点和地理环境之间存在怎样的关系？

（二）查一查，说一说

　　中国是世界上营造人工林面积最大的国家。2010—2020年十年间，中国贡献了全球增加的森林面积的四分之一。中华人民共和国成立以来，在政府的主导下，中国人不断同沙漠进行斗争。

　　毛乌素沙漠是一片形成于唐代、存在了上千年的荒漠，是中国四大沙地之一。1959年，当地人开始坚持不懈地开展植树造林活动。在几代人的治理下，如今毛乌素沙漠80%已变为绿洲。

　　20世纪50年代，塞罕坝还是一片高原荒丘，这里不见草木，黄沙弥漫。中华人民共和国成立后，中国政府开始在塞罕坝地区建立国有林场，开展荒山、荒地植树造林工作。现在，塞罕坝早已成了国家级森林公园，2017年，塞罕坝林场建设者获得联合国环保最高荣誉——"地球卫士奖"。

　　请查阅相关资料，回答下列问题。

1. 详细地讲一讲毛乌素沙漠和塞罕坝林场荒漠化治理的故事。

2. "地球卫士奖"是一个怎样的奖项？中国获得该奖项的个人、项目或组织还有
　　哪些呢？

3. 谈一谈中国在环境保护工作方面取得了哪些成就。

（三）看图说话

你知道下列图片中的地方或事物吗？请谈一谈它们的故事。

六 研究与实践

请选择下列任务中的一个，尝试撰写一篇研究报告，或者拍摄一个5—8分钟的小视频。

1. 所谓"一方水土养一方人"，结合你的经历，谈谈地理环境对人们精神世界的影响。
2. 中国文人常常借山川河流抒发内心的情感，留下了无数名言佳作。查阅资料，搜集相关名言、诗歌、文章，并尝试写读后感。
3. 保护濒危物种是维护生物多样性的一个重要方面。你的国家有濒危物种吗？谈谈你们国家对维护生物多样性所采取的措施。
4. 可再生资源的开发和利用一直是世界各国关心的议题，谈一谈科技对发展绿色能源的影响。
5. 介绍一部关于环境保护的影视作品或著作，并对其中的一些观点进行评价。

一 本章回答的问题 🖥

- **问题 13：中国先秦时期主要有哪些重大历史事件？**

  视频 13 将回答这个问题。视频 13 重点介绍中国先秦时期重要的几个朝代和重大历史事件。视频时长约 5 分钟。

- **问题 14：秦始皇和汉武帝的主要功绩是什么？**

  视频 14 将回答这个问题。视频 14 介绍秦汉两朝的历史，重点介绍秦始皇和汉武帝在这段历史进程中产生的影响。视频时长约 5 分钟。

- **问题 15：三国、两晋、南北朝分别经历了哪些分分合合？**

  视频 15 将回答这个问题。视频 15 介绍三国、两晋、南北朝不断分裂、统一、再分裂、再统一的历史进程。视频时长约 5 分钟。

- **问题 16：唐朝的繁荣主要表现在哪些方面？**

  视频 16 将回答这个问题。视频 16 介绍隋朝、唐朝和五代十国这一历史时期。视频时长约 8 分钟。

- **问题 17：宋朝是繁荣还是衰弱？**

  视频 17 将回答这个问题。视频 17 介绍宋、辽、夏、金这一历史时期。视频时长约 6 分钟。

第三章
历史

- **问题 18：元朝有一项什么政治创举？**

  视频 18 将回答这个问题。视频 18 介绍元朝的建立与兴衰。视频时长约 3 分钟。

- **问题 19：明朝取得了哪些成就？**

  视频 19 将回答这个问题。视频 19 介绍明朝的建立与兴衰。视频时长约 3 分钟。

- **问题 20：清朝的康乾盛世是什么样的景象？**

  视频 20 将回答这个问题。视频 20 介绍清朝的建立与兴衰，重点介绍康乾盛世时期的繁荣。视频时长约 3 分钟。

- **问题 21：近代中国是如何一步步走向半殖民地半封建社会的？**

  视频 21 将回答这个问题。视频 21 介绍中国的近代史及多种形式的爱国救国行动。视频时长约 6 分钟。

- **问题 22：为什么说只有中国共产党才能救中国、才能发展中国？**

  视频 22 将回答这个问题。视频 22 介绍中国共产党的建立，以及在共产党的领导下，中华人民共和国从成立到走向繁荣的过程。视频时长约 6 分钟。

二 在线学习 🖥

　　这一部分，我们将学习视频 V13—V22。在学习视频前，请预习视频中的重点词汇和重要语法。

（一）重点词汇

	词汇	拼音	词性	英译	等级
1	奴隶	núlì	名	slave	7—9
2	时期	shíqī	名	period; phase	6
3	封建	fēngjiàn	形	feudal	7—9
4	富强	fùqiáng	形	wealthy and prosperous	7—9
5	继承	jìchéng	动	inherit	5
6	世袭	shìxí	动	inherit from generation to generation	7—9
7	统治	tǒngzhì	动	rule	7—9
8	迁	qiān	动	move; change	7—9
9	分裂	fēnliè	动	split; divide	6
10	奠定	diàndìng	动	establish	7—9
11	皇帝	huángdì	名	emperor	6
12	帝国	dìguó	名	empire	7—9
13	货币	huòbì	名	currency	7—9
14	局面	júmiàn	名	situation; complexion	5
15	抵御	dǐyù	动	resist	7—9
16	侵犯	qīnfàn	动	encroach on	超
17	军队	jūnduì	名	armed forces; troops	6
18	版图	bǎntú	名	territory	超
19	灭亡	mièwáng	动	destroy	7—9
20	推翻	tuīfān	动	overdraw	7—9
21	争夺	zhēngduó	动	fight for	6
22	空前	kōngqián	形	unprecedented	7—9
23	加深	jiāshēn	动	deepen	7—9
24	往来	wǎnglái	动	have social interactions	6
25	开辟	kāipì	动	open up	7—9
26	政权	zhèngquán	名	political (state) power	6
27	腐败	fǔbài	形	rotten; corrupt	7—9
28	割据	gējù	动	set up a separatist regime by force of arms	超
29	凭借	píngjiè	动	rely on	7—9
30	权力	quánlì	名	power	6
31	日益	rìyì	副	increasingly; with each passing day	7—9
32	入侵	rùqīn	动	intrude; invade	7—9
33	壮大	zhuàngdà	动	expand; strengthen	7—9
34	取代	qǔdài	动	replace	7—9
35	对峙	duìzhì	动	confront each other	7—9
36	辉煌	huīhuáng	形	splendid; glorious	7—9
37	滥用	lànyòng	动	misuse; abuse	7—9
38	吸取	xīqǔ	动	absorb; draw (a lesson)	7—9

	词汇	拼音	词性	英译	等级
39	稳固	wěngù	形	steady; stable	7—9
40	复苏	fùsū	动	recover of economy	6
41	开创	kāichuàng	动	start; initiate	6
42	官吏	guānlì	名	government official (old term)	7—9
43	盛世	shèngshì	名	flourishing age	超
44	治理	zhìlǐ	动	govern	5
45	财政	cáizhèng	名	finance	7—9
46	抵抗	dǐkàng	动	resist; fight off	6
47	俘虏	fúlǔ	名	captive; captured personnel	7—9
48	大臣	dàchén	名	chancellor; minister	7—9
49	边疆	biānjiāng	名	borderland; frontier (region)	7—9
50	代理	dàilǐ	动	act on behalf	5
51	扩张	kuòzhāng	动	expand; spread out	7—9
52	临近	línjìn	动	be close to	7—9
53	爆发	bàofā	动	break out; erupt	6
54	反抗	fǎnkàng	动	revolt	6
55	队伍	duìwu	名	troop	6
56	收复	shōufù	动	recover	7—9
57	混乱	hùnluàn	形	confused	6
58	领袖	lǐngxiù	名	leader	6
59	占领	zhànlǐng	动	capture; occupy	5
60	转折	zhuǎnzhé	动	have a turnaround	7—9
61	衰败	shuāibài	动	decline	超
62	屈辱	qūrǔ	名	humiliation; disgrace	超
63	走私	zǒusī	动	smuggle	6
64	惊人	jīngrén	形	astonishing; amazing	6
65	侵略	qīnlüè	动	invade	7—9
66	投降	tóuxiáng	动	surrender	7—9
67	条约	tiáoyuē	名	convention; treaty	7—9
68	特权	tèquán	名	special right and privilege	7—9
69	割让	gēràng	动	cede	超
70	阶级	jiējí	名	social class	7—9
71	革命	gémìng	名	revolution	7—9
72	专制	zhuānzhì	形	autocratic	7—9
73	企图	qǐtú	名	attempt; intention	6
74	历时	lìshí	动	take (time); last	7—9
75	民主	mínzhǔ	名	democracy	6
76	签署	qiānshǔ	动	sign (a contract or agreement)	7—9
77	私有制	sīyǒuzhì	名	private ownership	超
78	社会主义	shèhuì zhǔyì	名	socialism	7—9

	词汇	拼音	词性	英译	等级
79	遗留	yíliú	动	remain	超
80	复兴	fùxīng	动	revive	7—9
81	顺理成章	shùnlǐ-chéngzhāng		logical; only to be expected	7—9
82	举世闻名	jǔshì-wénmíng		world famous	7—9
83	独立自主	dúlì-zìzhǔ		be one's own master	7—9
84	举世瞩目	jǔshì-zhǔmù		attract worldwide attention	7—9

（二）重要语法

1. 与此同时【七一九076】

用于连接前后两个句子，表示后面句子中的事件和前面句子中的事件同时发生。

(1) 太阳落山了，几乎与此同时下起了大雨。

(2) 几个月之后，他的眼睛开始不停地流眼泪，与此同时他的视力也变得越来越差。

(3) 秦朝打败了北方匈奴，并建立起了长城；与此同时，秦始皇的军队在南方打败了百越族，秦朝的版图进一步扩大。

2. 被/为……所……【七一九089】

被动句结构，常用于书面语中。

(1) 这是我第一次感到自己被一个人所吸引。

(2) 没想到，他竟然会被一个小学生所欺骗。

(3) 最为大家所熟知的科技成果是四大发明：造纸术、活字印刷术、火药和指南针。

3. 及【七一九054】

用于连接词或词组，表示并列关系。

(1) 工人、农民及士兵都参加了此次会议。

(2) 现急需煤炭、石油、电力及其他能源。

(3)《论语》是一部记录孔子及其弟子言行的语录文集。

（三）学习视频V13—V22

看视频V13—V22，完成下列练习题。

（一）判断正误

1. 秦朝是中国历史上第一个统一的封建王朝。 （　　）

2. 汉朝是中国历史上政权更迭最频繁的朝代。 （　　）

3. 唐朝时期文化高度繁荣，诗歌、舞蹈、绘画等都得到
   了极大的发展。 （　　）

4. 清政府签订的第一个不平等条约是《马关条约》。 （　　）

5. "一国两制"最早是为了和平解决台湾问题提出的，
   首先被成功运用于解决香港和澳门回归祖国的问题。 （　　）

（二）单项选择

1. 哪一时期形成了"百家争鸣"的繁荣景象？（　　）
   A. 秦朝　　　　　B. 春秋战国　　　　C. 汉朝　　　　D. 唐朝

2. "丝绸之路"是哪位皇帝在位时开辟的？（　　）
   A. 秦始皇　　　　B. 汉武帝　　　　　C. 唐太宗　　　　D. 宋太祖

3. 唐太宗时期唐朝政治清明、经济复苏、文化繁荣，史称"_____"。
   A. 开元盛世　　　B. 贞观之治　　　　C. 洪武之治　　　D. 永乐盛世

4. 哪位皇帝在位期间收复了台湾？（　　）
   A. 秦始皇　　　　B. 宋太祖　　　　　C. 唐太宗　　　　D. 康熙

5. 中国共产党是哪一年成立的？（　　）
   A. 1921年　　　　B. 1949年　　　　　C. 1911年　　　　D. 1900年

四 回答问题

1. 中国人为什么把自己称为"炎黄子孙"？
2. 请简单介绍一下秦始皇。
3. 请简单说说"丝绸之路"的历史以及它发挥的作用。
4. 中国近代经历了哪些"救亡图存"的爱国运动？为什么这些运动都失败了？
5. 你最喜欢中国历史上哪一个时期（或人物）？为什么？

五 拓展学习

（一）阅读材料，回答问题

强大的清朝为何溃败？

　　1840年，清朝的GDP是英国的6倍，英国的GDP占世界的5%，我们的GDP占世界的33%，英国相当于我们的1/6。清朝军队当时有100多万人，1840年进虎门的英国远征军只有4000人，结果100多万人的中国军队和4000人的一支军队签订了《南京条约》。1894年，清朝的GDP是日本的9倍。当时一位叫宗方小太郎的驻华日本间谍认为中国"只见形而下未见其形而上"，通过对清朝全面的剖析，他认为大清国不仅官场腐败，而且"全民都腐败"，全民丧失信仰，社会风气江河日下，虽然表面上不断改革和进步，但"犹如老屋废厦加以粉饰"，不堪一击。他判断，早则10年晚则30年，中国"必将支离破碎呈现一大变化"。另一位日本驻华人士副岛种臣说："盖中国之积习，往往有可行之法，而绝无行法之人；有绝妙之言，而绝无践言之事。"在清朝举国上下都被崛起、盛世、强大的幻觉迷惑之时，看清中国真相的日本决定对华发动甲午战争，战争以台湾被割告终。

　　　　　　　　　　　　节选自戴旭《强大的清朝为何溃败？》，略有改编
　　　　　　　　　　　　　　　　　发表于《党建》，2010年第7期

1. 请查阅工具书或与同学讨论，谈一谈你怎么理解下面的词语。

　　（1）形而上　　　　　（2）形而下　　　　　（3）老屋废厦

　　（4）粉饰　　　　　　（5）支离破碎　　　　（6）甲午战争

2. 小组讨论，回答下列问题。

　　（1）本文谈了清朝的两次以失败告终的战争，请查阅资料，谈谈这两次战争的背
　　　　景、过程和结果。

　　（2）GDP对于国家来说重要吗？你觉得作者的观点是什么？你怎么看这个问题？

　　（3）通过阅读本文，你认为近代中国"盛极而衰"和"多灾多难"的原因是什么？

（二）查一查，说一说

　　1908年，《天津青年》杂志向读者介绍了奥运会，并一口气提出了三个问题：中国什么时候能够派运动员参加奥运会？中国的运动员什么时候能够得到一枚奥运金牌？中国什么时候能够举办奥运会？这就是著名的"奥运三问"。

　　1932年，第十届奥运会在美国洛杉矶举行。在舆论压力下，国民政府仓促派出了一支只有一位运动员的六人代表团。回答第一个问题中国用了24年。1984年，在美国洛杉矶举行的第23届夏季奥运会上，射击运动员许海峰旗开得胜，拿下了本届奥运会的第一块金牌。全世界第一次看到五星红旗在奥运赛场上高高升起。回答第二个问题中国用了76年。2008年，第29届夏季奥林匹克运动会在北京成功举行，中国为世界奉献了一场无与伦比的体育盛会。回答第三个问题中国整整用了100年。

　　请查阅相关资料，回答下列问题。

　　1."奥运三问"分别是什么时候被"回答"的？

　　2.通过"奥运三问"的提出和回答谈一谈100多年来中国经历了怎样的变化？

　　3."奥运梦"是中国近代以来千万梦想之一。你能讲出中国人其他梦想成真的故
　　　事吗？

（三）看图说话

请与同学们讨论以下图片，谈谈与之相关的历史。

1

2

3

4

中国百题

六 研究与实践

　　请选择下列任务中的一个，尝试撰写一篇研究报告，或者拍摄一个5—8分钟的小视频。

1. 你对中国历史的最初印象是怎样的？学完本课后这个印象有什么改变？
2. 历史上的中国经历了多次分裂与统一、繁荣与衰败，你从中获得了哪些启示？
3. 如果能回到过去，你最想去中国的哪一个历史时期？结合当时的历史，描述一下你想象的日常生活会是什么样的。
4. 如果让你向你的同胞介绍中国历史，你会怎么介绍？撰写一个简要的介绍方案。

一 本章回答的问题

- **问题 23：对中国人影响最大的哲学思想是什么？**

  视频 23 将回答这个问题。视频 23 重点介绍对中国人影响最大的儒家思想及其最重要的代表人物孔子和孟子。视频时长约 5 分钟。

- **问题 24：儒家的"礼"是指什么？**

  视频 24 将回答这个问题。视频 24 讲解儒家的核心思想"礼"。视频时长约 2 分钟。

- **问题25：儒家的"仁"是指什么？**

  视频 25 将回答这个问题。视频 25 讲解儒家的核心思想"仁"。视频时长约 2 分钟。

- **问题 26：儒家的"中庸"是指什么？**

  视频 26 将回答这个问题。视频 26 讲解儒家的核心思想"中庸"。视频时长约 2 分钟。

- **问题 27：什么是道家？**

  视频 27 将回答这个问题。视频 27 重点介绍道家思想及其最重要的代表人物老子和庄子。视频时长约 5 分钟。

第四章
中国哲学

- **问题 28：道家的"道"是指什么？**
  视频28将回答这个问题。视频28讲解道家的核心思想"道"。视频时长约2分钟。

- **问题 29：道家的"无为"是指什么？**
  视频 29 将回答这个问题。视频 29 讲解道家的核心思想"无为"。视频时长约 2 分钟。

- **问题 30：什么是墨家？**
  视频 30 将回答这个问题。视频 30 简要介绍"诸子百家"中的墨家思想及其代表人物。视频时长约 3 分钟。

- **问题 31：什么是法家？**
  视频 31 将回答这个问题。视频 31 简要介绍"诸子百家"中的法家思想及其代表人物。视频时长约 4 分钟。

- **问题 32：什么是兵家？**
  视频 32 将回答这个问题。视频 32 简要介绍"诸子百家"中的兵家思想及其代表人物。视频时长约 3 分钟。

二 在线学习 🖥

　　这一部分，我们将学习视频 V23—V32。在学习视频前，请预习视频中的重点词汇和重要语法。

（一）重点词汇

	词汇	拼音	词性	英译	等级
1	哲学	zhéxué	名	philosophy	6
2	流派	liúpài	名	school; sect	超
3	思维	sīwéi	名	thought	5
4	深远	shēnyuǎn	形	far-reaching	7—9
5	尊称	zūnchēng	名	courtesy title	超
6	高尚	gāoshàng	形	noble; lofty	4
7	品德	pǐndé	名	character	7—9
8	道德	dàodé	名	morality	5
9	修养	xiūyǎng	名	self-cultivation	5
10	谨慎	jǐnshèn	形	careful; cautious	7—9
11	和谐	héxié	形	harmonious	6
12	秩序	zhìxù	名	order	7—9
13	境界	jìngjiè	名	state	7—9
14	治国	zhìguó	动	administer a country	超
15	倡导	chàngdǎo	动	advocate; promote	5
16	人格	réngé	名	personality	7—9
17	修身	xiūshēn	动	improve oneself	超
18	天下	tiānxià	名	the world	6
19	人性	rénxìng	名	human nature	7—9
20	欲望	yùwàng	名	desire	7—9
21	学派	xuépài	名	school of thought	超
22	礼节	lǐjié	名	etiquette	超
23	避免	bìmiǎn	动	avoid; refrain from	4
24	君	jūn	名	monarch	超
25	臣	chén	名	subjects of a feudal ruler	超
26	智慧	zhìhuì	名	wisdom; intelligence	6
27	社稷	shèjì	名	the gods of earth and grain; the country	超
28	百姓	bǎixìng	名	common people	超
29	学识	xuéshí	名	knowledge	超
30	渊博	yuānbó	形	profound	超
31	万物	wànwù	名	the whole of creation	超
32	宇宙	yǔzhòu	名	universe	7—9

	词汇	拼音	词性	英译	等级
33	顺应	shùnyìng	动	conform to	7—9
34	遵循	zūnxún	动	follow	7—9
35	柔弱	róuruò	形	weak	超
36	转化	zhuǎnhuà	名	conversion	5
37	相对	xiāngduì	形	relative	7—9
38	世间	shìjiān	名	world	超
39	天地	tiāndì	名	world; universe	7—9
40	天然	tiānrán	形	natural	6
41	原始	yuánshǐ	形	original; firsthand	5
42	永恒	yǒnghéng	形	eternal	7—9
43	超越	chāoyuè	动	surpass	5
44	法则	fǎzé	名	rule	超
45	高效	gāoxiào	形	efficient	7—9
46	高明	gāomíng	形	brilliant; wise	7—9
47	推崇	tuīchóng	动	esteem	超
48	刻意	kèyì	副	deliberately	7—9
49	强求	qiángqiú	动	importune	超
50	人为	rénwéi	形	artificial	7—9
51	贪婪	tānlán	形	greedy	7—9
52	名声	míngshēng	名	reputation	7—9
53	回归	huíguī	动	return	7—9
54	领悟	lǐngwù	动	comprehend	7—9
55	慎重	shènzhòng	形	careful	7—9
56	挑起	tiǎoqǐ	动	provoke	7—9
57	武力	wǔlì	名	force	7—9
58	战术	zhànshù	名	tactics	6
59	回避	huíbì	动	avoid	5
60	斗争	dòuzhēng	动、名	struggle; fight	6
61	克己复礼	kèjǐ-fùlǐ		deny self and return to propriety	超
62	自然而然	zìrán-érrán		come very naturally; as a matter of course	7—9
63	不生不灭	bùshēng-búmiè		neither dying nor being born	超
64	不败之地	búbài-zhīdì		an invincible position	超
65	借刀杀人	jièdāo-shārén		get others to do one's dirty work	超

（二）重要语法

1. 之所以……，是因为/是由于……【七—九117】
表示因果关系的复句，先说结果，后说原因。

(1) 这部电影之所以好看，是因为内容很有趣。

(2) 妈妈之所以生气了，是由于他不肯承认自己的错误。

(3) 之所以人性善而社会上还是会出现各种不良的人和事，是因为欲望。

2. 所谓……（就）是……【七—九081】
这个结构用于解释说明。有时"所谓……"表示说话人不认同这种说法。

(1) 房内没有一样值钱的东西，所谓家具就是这几把椅子。

(2) 他所谓的好家庭就是住在一栋大房子里，妻子穿着漂亮的衣服。

(3) 所谓"无为"其实是一种更高效、更高明、更高级的"为"。

3. 除此之外【七—九070】
表示除了上面提到的，还有其他的。

(1) 他是个老师，除此之外，我不知道别的。

(2) 我只带了一个书包，除此之外，什么都没带。

(3)《孙子兵法》是一部研究怎么打仗的兵书。除此之外，这本书也具有很强的哲学意味。

（三）学习视频V23—V32

看视频V23—V32，完成下列练习题。

（一）判断正误

1.《论语》是记录孔子及其弟子言行的一本书。 （　　）

2. 儒家思想的"礼"就是指对人要有礼貌。 （　　）

3."道"和"仁"都是道家的核心观念。 （　　）

4. 在老子看来，"道"是宇宙形成之后才有的。 （　　）

5. 庄子认为"无为"就是不要作为，顺其自然就行。 （　　）

（二）单项选择

1.《道德经》是哪位思想家的代表著作？ （　　）

A. 孟子　　　　　B. 庄子　　　　　C. 老子　　　　　D. 墨子

2. 墨家的核心思想主张什么？ （　　）

A. 抵制暴力　　　　　　　　B. 以和平为中心

C. 兼爱非攻　　　　　　　　D. 互惠互利

3. 法家思想的最高指导原则是什么？ （　　）

A. 礼　　　　　B. 法　　　　　C. 仁　　　　　D. 术

4. 法家特别强调理论的哪一方面？ （　　）

A. 实用性　　　B. 合法性　　　C. 规范性　　　D. 完整性

5. 兵家代表人物之一孙膑的代表作是什么？ （　　）

A.《孙子兵法》　　　　　　B.《韩非子》

C.《吴子》　　　　　　　　D.《孙膑兵法》

四 回答问题

1. 你知道的"诸子百家"有哪些?
2. 请简要说明儒家代表人物孔子、孟子及其主要思想。
3. 请简要说明道家代表人物老子、庄子及其主要思想。
4. 谈谈你最喜欢中国古代哲学的哪一个流派,为什么?

拓展学习

（一）阅读材料，回答问题

《论语》和《孟子》选文

一

颜渊[1]问仁。子[2]曰[3]："克己复礼为仁。一日[4]克己复礼，天下归[5]仁焉，为仁由己，而由人乎哉？"颜渊曰："请问其目[6]。"子曰："非[7]礼勿[8]视，非礼勿听，非礼勿言，非礼勿动。"

节选自《论语·颜渊》

译文：

颜渊问什么是仁。孔子说："克制自己，使言语和行动都回到礼上来，就是仁。一旦做到了这些，天下的人都会赞许你有仁德。实行仁德要靠自己，难道是靠别人吗？"颜渊说："请问实行仁德的具体要点都有哪些？"孔子说："不合礼的事不看，不合礼的事不听，不合礼的事不说，不合礼的事不做。"

---

1 颜渊（Yán Yuān），姓颜名回，字子渊，后世人尊称他为"颜渊"。颜渊是孔子最喜欢的学生。

2 子，古代对男子的美称。在《论语》里，"子"指孔子。

3 曰（yuē），说。

4 一日，一旦。

5 归，称赞、赞许。

6 目，本义是眼睛，这里指条目、纲目，即要点。

7 非，不是。

8 勿（wù），不要。

二

　　仲弓[1]问仁。子曰："出门如见大宾[2]，使[3]民如承[4]大祭[5]。己所不欲，勿施于人[6]。在邦无怨，在家无怨。"

节选自《论语·颜渊》

译文：

　　仲弓问什么是仁。孔子说："出门办事如同去接待贵宾，使唤百姓如同承担重大的祭祀（那样认真、严肃、恭敬）。自己不愿意的，不要施加给别人。在诸侯的朝廷上没人怨恨（自己），在卿大夫的封地里也没人怨恨（自己）。"

三

　　君子[7]所以异于人者，以其存心[8]也。君子以仁存心，以礼存心。仁者爱人，有礼者敬人。爱人者，人恒[9]爱之；敬人者，人恒敬之。

节选自《孟子·离娄下》

译文：

　　君子和一般人不同的地方，就在于居心不同。君子心里老惦记着仁，老惦记着礼。仁人爱他人，有礼的人尊敬他人。爱他人的人，别人总是爱他；尊敬他人的人，别人总是尊敬他。

---

1 仲弓（Zhòng Gōng），姓冉（Rǎn）名雍（Yōng），字仲弓。孔子的学生。
2 宾，宾客。
3 使，使役，统治。
4 承，承担。
5 祭，祭祀（jìsì），古人对神灵、祖先或死者表示敬意的一种仪式。
6 己所不欲，勿施于人，自己不愿意的，不要施加给别人。欲，愿意，想要。施，施加。
7 君子，儒家指品德高尚的人。
8 存心，居心。
9 恒，总是、长久、永远。

四

淳于髡[1]曰："男女授受不亲，礼与？"孟子曰："礼也。"曰："嫂溺[2]则援[3]之以手乎？"曰："嫂溺不援，是豺狼也。男女授[4]受[5]不亲[6]，礼[7]也；嫂溺援之以手者，权[8]也。"

节选自《孟子·离娄上》

译文：

淳于髡问："男女之间，不亲手交接东西，这是礼的要求吗？"孟子答道："是礼的要求。"淳于髡说："那嫂子掉在水里，（作为弟弟）可以用手去拉她吗？"孟子说："嫂子掉在水里，不去拉她，这简直是豺狗和恶狼。男女之间不亲手交接，这是礼的要求；嫂子溺水了用手去拉她，这是权变的做法。"

---

1 淳于髡（Chúnyú Kūn），春秋时期齐国著名辩士，曾在齐国和梁国的朝廷做官。
2 溺（nì），淹没，落水。
3 援（yuán），拉、牵引。
4 授，授与、给予、交给。
5 受，接受。
6 亲，亲自、亲手。
7 礼，礼节。
8 权（quán），本指秤砣。引申为衡量轻重而变通处理，即变通、权变、灵活处理之意。

1. 材料一、二、三主要讲的是儒家"礼"和"仁"的思想，材料四主要讲的是儒家"礼"与"中庸"的思想。请查阅工具书并结合注释和译文，谈一谈你怎么理解下面的词句。

   （1）非礼勿视，非礼勿听，非礼勿言，非礼勿动。

   （2）克己复礼

   （3）己所不欲，勿施于人。

   （4）仁者爱人

   （5）男女授受不亲，礼也；嫂溺援之以手者，权也。

2. 小组讨论，回答下列问题。

   （1）"礼"对于古代中国人为什么那么重要？体现在哪些方面？

   （2）孔子、孟子对"仁"的解释一样吗？你怎么理解"仁"？

   （3）有人认为，"中庸之道"讲究根据实际情况来改变做事的方法，也就是材料四中所谈的"权变"，因此，有了"中庸之道"，"礼"或者其他规则就成为空话了。你同意这种观点吗？为什么？

（二）查一查，说一说

老子（约公元前571年—约公元前470年），春秋时期人。老子很有学问，据说就连孔子也先后多次向老子问学。老子曾先后两次担任周王室的"守藏室史"（相当于今天国家图书馆馆长）。老子的传世作品《道德经》（又称《老子》）对后世影响极大，它被翻译成近百种语言，在世界各地发行，成为翻译语言种类最多、发行量最大的中国文化典籍。从孔子、韩非，到叔本华、海德格尔……无数伟大的学者都对《道德经》推崇备至。德国哲学家雅斯贝尔斯认为《道德经》是一部不可替代的哲学著作，在短短的几句话中，就包罗了宇宙论、伦理学和政治学的内容。

请查阅相关资料，回答下列问题。

1. 谈一谈老子思想在你的国家传播的情况。

2. 谈一谈你对《道德经》中一个词或者一句话的理解。

3. 举例说明老子思想对中国文化产生了怎样的影响？

（三）看图说话

请与同学讨论下列图片，谈谈与之相关的哲学思想。

六 研究与实践

请选择下列任务中的一个，尝试撰写一篇研究报告，或者拍摄一个5—8分钟的小视频。

1. 中国古代某个流派的哲学对当代中国人有什么影响？
2. 对当代社会而言，"以礼治国"（礼治）是否还存在价值？
3. 用中国古典哲学中的某个主张（如儒家的"礼""中庸之道"，道家的"无为"等）同你们国家的哲学或宗教中的某个主张进行对比，并展开讨论。
4. 很多国家都对中国古代哲学有专门的研究或介绍，你的国家有吗？介绍一本相关的书（或一篇文章、一部影视作品等），并对其中的一些观点进行评价。
5. 如果让你向你的同胞介绍中国哲学，你会怎么介绍？撰写一个简要的介绍方案。

一 本章回答的问题 🖥

- **问题 33：中国人有哪些民间信仰？**

  视频 33 将回答这个问题。视频 33 重点介绍中国民间信仰的产生和特点，以及民间信仰活动与宗教信仰的不同。视频时长约 4 分钟。

- **问题 34：中国人为什么敬祖？**

  视频 34 将回答这个问题。视频 34 介绍中国人祖先崇拜的原因及祭祖方式。视频时长约 3 分钟。

- **问题 35：中国人眼中的"天"是什么？**

  视频 35 将回答这个问题。视频 35 重点介绍祭天活动产生的原因及祭天的注意事项。视频时长约 3 分钟。

- **问题 36：道教在中国的发展是怎样的？**

  视频 36 将回答这个问题。视频 36 重点介绍作为中国本土宗教的道教是如何产生与发展的。视频时长约 4 分钟。

第五章
宗教

- **问题 37：佛教对中国文化产生了怎样的影响？**

  视频 37 将回答这个问题。视频 37 重点介绍佛教在中国的发展阶段及其对中国传统文化的影响。视频时长约 5 分钟。

- **问题 38：伊斯兰教在中国是怎样发展的？**

  视频 38 将回答这个问题。视频 38 重点介绍伊斯兰教是如何适应中国文化的。视频时长约 3 分钟。

- **问题 39：基督教在中国是怎样发展的？**

  视频 39 将回答这个问题。视频 39 重点介绍基督教在不同的历史时期在中国的传播和发展情况。视频时长约 3 分钟。

- **问题 40：中国的宗教政策有哪些主要内容？**

  视频 40 将回答这个问题。视频 40 主要介绍作为多宗教国家的中国为了积极引导各宗教在中国的发展所制定的基本政策。视频时长约 5 分钟。

二 在线学习 🖥

　　这一部分，我们将学习视频 V33—V40 。在学习视频前，请预习视频中的重点词汇和重要语法。

（一）重点词汇

	词汇	拼音	词性	英译	等级
1	宗教	zōngjiào	名	religion	6
2	存在	cúnzài	动	exist	3
3	信仰	xìnyǎng	动	believe in	6
4	民间	mínjiān	形	non-governmental; unofficial	3
5	神灵	shénlíng	名	gods; deities	超
6	祭祀	jìsì	动	offer sacrifices to gods/ancestors	7—9
7	祈福	qífú	动	pray for blessings	超
8	朝拜	cháobài	动	pay one's respects to	超
9	日常	rìcháng	形	day-to-day; daily	3
10	自发	zìfā	形	spontaneous	7—9
11	认知	rènzhī	名	cognition	7—9
12	现世	xiànshì	名	this life; this-worldly	超
13	出身	chūshēn	名	one's previous experience or occupation	7—9
14	来历	láilì	名	origin; past history	7—9
15	崇拜	chóngbài	动	worship; offer worship (to sb)	6
16	职责	zhízé	名	duty; obligation	6
17	掌管	zhǎngguǎn	动	be in charge of; take charge of	7—9
18	保佑	bǎoyòu	动	bless	7—9
19	致富	zhìfù	动	grow rich; amass wealth	7—9
20	姻缘	yīnyuán	名	a marriage predestined by fate	超
21	盛行	shèngxíng	动	be current/prevalent; flourish	6
22	香火	xiānghuǒ	名	burning joss sticks	超
23	仪式	yíshì	名	ceremony; ritual	6
24	寺庙	sìmiào	名	temple; monastery	7—9
25	经典	jīngdiǎn	名	classics	4
26	严密	yánmì	形	carefully worked out; strict	7—9
27	场所	chǎngsuǒ	名	place; site	3
28	祈祷	qídǎo	动	pray; offer a prayer	7—9
29	血缘	xuèyuán	名	ties of blood; consanguinity	7—9
30	宗族	zōngzú	名	clan; patriarchal clan	超
31	祭拜	jìbài	动	worship	超
32	墓地	mùdì	名	cemetery; graveyard	7—9
33	敬意	jìngyì	名	respect; tribute	7—9
34	纪念	jìniàn	动	commemorate; mark	3
35	焚烧	fénshāo	动	set on fire; burn	7—9
36	供奉	gòngfèng	动	make offerings to; offer sacrifices for	7—9
37	凝聚	níngjù	动	distill; crystallize	7—9
38	观察	guānchá	动	observe; examine	3
39	敬畏	jìngwèi	动	be in awe of	超

	词汇	拼音	词性	英译	等级
40	管理	guǎnlǐ	动	manage; administer	3
41	赋予	fùyǔ	动	entrust; endow	7—9
42	奉行	fèngxíng	动	follow; observe	超
43	废除	fèichú	动	abolish; rescind	7—9
44	本土	běntǔ	名	native country/land	6
45	源头	yuántóu	名	source; fountainhead	7—9
46	追溯	zhuīsù	动	trace back to; date back to	7—9
47	山川	shānchuān	名	land; landscape	7—9
48	摆脱	bǎituō	动	cast off; get rid of	4
49	苦难	kǔnàn	名	suffering; misery	7—9
50	救赎	jiùshú	动	redeem	超
51	派别	pàibié	名	school; faction	7—9
52	信徒	xìntú	名	follower; disciple believer	超
53	衰落	shuāiluò	动	be on the wane; go downhill	超
54	限制	xiànzhì	动	place/ impose restrictions on; restrict	4
55	神仙	shénxiān	名	supernatural being; immortal	7—9
56	风俗	fēngsú	名	custom	4
57	养生	yǎngshēng	动	keep in good health	7—9
58	流传	liúchuán	动	spread; hand down	4
59	融合	rónghé	动	mix together; blend	6
60	阶段	jiēduàn	名	phase; period	4
61	传播	chuánbō	动	spread; circulate	3
62	巅峰	diānfēng	名	summit; peak	7—9
63	变革	biàngé	动	transform; change	7—9
64	信众	xìnzhòng	名	believers	超
65	题材	tícái	名	subject matter; theme	5
66	活跃	huóyuè	形	brisk; active	6
67	繁衍	fányǎn	动	multiply	超
68	挽救	wǎnjiù	动	save; rescue	7—9
69	分化	fēnhuà	动	split up; disintegrate	7—9
70	暂时	zànshí	形	temporary; for the moment	5
71	停顿	tíngdùn	动	be at a halt/standstill	7—9
72	引导	yǐndǎo	动	lead; guide	4
73	遵守	zūnshǒu	动	abide by; comply with	5
74	支配	zhīpèi	动	dominate; rule	5
75	登记	dēngjì	动	register; check in	4
76	从事	cóngshì	动	undertake; devote oneself to	3
77	土生土长	tǔshēng-tǔzhǎng		be locally born and bred; be born and brought up locally	7—9
78	自给自足	zìjǐ-zìzú		self-contained	超
79	息息相关	xīxī-xiāngguān		be closely linked (to); be closely bound up (with)	7—9
80	风调雨顺	fēngtiáo-yǔshùn		favourable conditions	超

	词汇	拼音	词性	英译	等级
81	至高无上	zhìgāo-wúshàng		supreme; paramount	超
82	国泰民安	guótài-mín'ān		a contented people living in a country at peace	超
83	国运昌盛	guóyùn-chāngshèng		a nation growing in prosperity	超
84	无以复加	wúyǐ-fùjiā		incapable of further increase	超

（二）重要语法

1. 于【六13】
书面语中的常用介词，用在动词之后，可引出时间、处所等名词性成分。

(1) 他出生于1995年。

(2) 大熊猫主要生活于中国西南地区。

(3) 佛教是世界三大宗教之一，起源于公元前6世纪的古印度。

2. ……，以……【七—九123】
用于前后两个分句之间，表示目的。

(1) 政府用他们的名字命名这条街，以纪念在战争中牺牲的战士。

(2) 老师采用新的教学方法上课，以调动学生的积极性。

(3) 人们会为祖先修建祠堂、墓地等场所，并在除夕、清明节、中元节等节日时举行祭礼，以表示对祖先的敬意和纪念。

3. 尤其【五03】
副词，表示在同类情况中特别突出。

(1) 她喜欢运动，尤其是游泳。

(2) 她喜欢吃中国菜，尤其是北京烤鸭。

(3) 这种居住模式在中国历史上非常普遍，尤其是在农村地区。

4. ……便……【六44】
表示承接上文，得出结论，相当于口语中的"就"。

(1) 他因为临时有事，便在北京住了两天。

(2) 她着急见孩子，便匆匆忙忙赶去学校了。

(3) 多数普通老百姓一般没有资格设立宗庙，便只能在自家的厅堂中进行祭祖。

（三）学习视频V33—V40

三 在线练习

看视频V33—V40，完成下列练习题。

（一）判断正误

1. 中国不是一个多宗教的国家。 （　　）
2. 《圣经》是基督教的经典。 （　　）
3. 在唐朝，有能力的普通百姓可以建立自己家族的宗庙。 （　　）
4. 在古代，每个中国人都有祭天的资格。 （　　）
5. 北京天坛是明清两代皇帝祭天的主要场所。 （　　）

（二）单项选择

1. 以下哪一位是伊斯兰教的创立者？（　　）
   A. 张道陵　　　　B. 释迦牟尼　　　C. 老子　　　　　　D. 穆罕默德

2. "飞天"形象与以下哪个宗教有关？（　　）
   A. 道教　　　　　B. 佛教　　　　　C. 伊斯兰教　　　　D. 基督教

3. 布达拉宫是哪个宗教的建筑？（　　）
   A. 道教　　　　　B. 佛教　　　　　C. 伊斯兰教　　　　D. 基督教

4. 以下哪一项事物与道教无关？（　　）
   A. 太极拳　　　　B. 气功　　　　　C. 中药　　　　　　D. 腊八粥

5. 以下哪个地方可以进行宗教活动？（　　）
   A. 寺院　　　　　B. 学校　　　　　C. 商场　　　　　　D. 图书馆

四 回答问题

1. 请简要说明中国人民间信仰的主要特点。
2. 请谈谈你对中国人祖先崇拜和敬天文化的理解。
3. 请归纳总结中国人主要信仰的宗教及信仰形式。
4. 请简要说明你对中国宗教政策的理解。

五 拓展学习

（一）阅读材料，回答问题

儒家、儒教与宗教

中国文化以人为本，体现出一种人文精神。但真正的人文精神的含义是什么？《周易》说："刚柔交错，天文也；文明以止，人文也。观乎天文，以察时变；观乎人文，以化成天下。""人文"最初是与"天文"相对的。"天文"就是天以刚柔交错而呈现的状态，"人文"就是人以文明以止而呈现的状态。中国文化中的"人文"其实与西方文化中的"神文"相对。西方的文化，尤其是中世纪的文化，是以神为主的，一切以神的意志为转移。西方近代历史上的三次改革运动：文艺复兴、宗教改革、启蒙运动，都力图冲破神的文化，而建立人的文化。

如果我们用西方宗教"造物主"的观念来观察中国的文化，那么我们会认为，中国文化中是没有"造物主"观念的。"敬天法祖"才是中国人的传统观念。中国人把祭祀天地的权威都推给了天子，由天子履行祭祀天地的权利，而普通百姓则是以祭祖为主。在20世纪初，很多人都认为，中国文化中没有宗教，中国人没有宗教信仰。在欧洲游历后，康有为认为中国变法的失败，在于中国人缺少能够统一的精神力量（宗教信仰），提出需要一种宗教来团结国人，即"以孔教为国教"的观点。……

康有为的认识很有意义和价值。中国的孔教和西方的宗教很不一样。前者围绕着人展开，是一种人道宗教；后者围绕着神展开，是一种神道宗教。我们对于"宗教"概念的认识还需要进一步探讨。宗教并没有一个固定的形式，不一定要有一个造物主的信仰才算是宗教，更不一定是一神的信仰才算宗教。简单说儒教是宗教当然不对，因为它的文化样式就不一样。古代的文化样式是一个综合性的文化，而我们今天的文化是一种分科型的文化，把文化分成科学、宗教、哲学、艺术等等门类。但在古代，宗教、科学、艺术、哲学往往是混融在一起的。所以，简单认为儒家就像今天的宗教那样，很单一的话，当然是不可取的。但如果认为儒家里没有宗教的内容，也是不对的。儒家教导人们不要忘掉祖宗，不要忘掉天生地养，就像西方文化中教人不要忘记上帝造人一样。中国文化认为，做人不能忘本，做人要有感恩心，要有敬畏心；而做了坏事，就要受到天谴和祖宗的惩罚。从这个角度讲，二者是一样的。但中国文化不是建立在离开我们世界的、在我们世界之上的一个造物主的信念上，而是建立在我们的世界之中。中国文化强调人的自觉，由人的自觉落实到人的自律。而这一点，在儒家身上体现最为明显。

节选自楼宇烈《儒家、儒教与宗教》，略有改编
发表于《北京日报》，2016年9月19日

1. 请查阅工具书或与同学讨论，谈一谈你怎么理解下面的词句。

   （1）以人为本　　　（2）刚柔交错，天文也；文明以止，人文也。

   　　　　　　　　　　　观乎天文，以察时变；观乎人文，以化成天下。

   （3）人文　　　　　（4）神文　　　　　（5）造物主　　　　　（6）敬天法祖

2. 小组讨论，回答下列问题。

   （1）你怎么理解"真正的人文精神的含义"？

   （2）根据文章的观点，中国文化与西方文化有什么不同？

   （3）儒家和宗教有什么共同的特点？

（二）查一查，说一说

　　新疆伊斯兰教经学院成立于1987年6月，2017年，新校区投入使用，办学规模达到了1000人。新疆伊斯兰教经学院是新疆维吾尔自治区开办的一所全日制教育机构，培养伊斯兰教教职人员和宗教专门人才，是新疆唯一的宗教高等学院，也是中国唯一用维吾尔语授课的伊斯兰教经学院。经学院的本科班课程由宗教知识类课程、文化历史类课程及宪法法律类课程三大模块构成。从经学院毕业的学生很"抢手"，他们可以去全疆各地的清真寺担任伊玛目，也可以选择继续深造，还可以去伊斯兰教协会工作，不少学生也会选择留校担任教职。

　　请查阅相关资料，回答下列问题。

1. 新疆伊斯兰教经学院培养的是什么样的人才？

2. 新疆伊斯兰教经学院的学生毕业后一般会去哪里？

3. 结合本章学习内容，你认为新疆维吾尔自治区政府设立伊斯兰教经学院体现了中国宗教信仰政策哪些方面的内容？

（三）看图说话

请与同学讨论下列图片，谈谈与之相关的中国民间信仰和宗教。

六 研究与实践

请选择下列任务中的一个，尝试撰写一篇研究报告，或者拍摄一个5—8分钟的小视频。

1. 谈一谈宗教对中国社会生活产生了哪些影响？
2. 谈一谈你最感兴趣的一种宗教。
3. 在当代社会，你认为宗教信仰的意义是什么？
4. 简单介绍几位传说中的中国神仙。
5. 你知道道教的"四大名山"吗？尝试向你的朋友介绍一下，并做一份游览攻略（选取其中一座名山）。

一 本章回答的问题

- **问题 41：中国文学的源头是什么？**

  视频 41 将回答这个问题。视频 41 重点介绍中国文学的源头《诗经》和楚辞。视频时长约 5 分钟。

- **问题 42：先秦散文指的是什么？**

  视频 42 将回答这个问题。视频 42 重点介绍历史散文和诸子散文。视频时长约 3 分钟。

- **问题 43：《史记》是历史书还是文学作品？**

  视频 43 将回答这个问题。视频 43 重点介绍《史记》的内容及特点。视频时长约 2 分钟。

- **问题 44：唐诗宋词有着怎样的魅力？**

  视频 44 将回答这个问题。视频 44 从唐诗宋词的题材和形式两个方面介绍它们的魅力所在。视频时长约 5 分钟。

第六章
文学

- **问题 45：什么是四大名著？**

  视频 45 将回答这个问题。视频 45 简要介绍《三国演义》《水浒传》《西游记》和《红楼梦》的内容及主要特点。视频时长约 5 分钟。

- **问题 46：鲁迅有哪些代表作？**

  视频 46 将回答这个问题。视频 46 简要介绍鲁迅的作品及其思想。视频时长约 3 分钟。

- **问题 47：莫言的作品有什么特点？**

  视频 47 将回答这个问题。视频 47 简要介绍莫言的作品及其写作特点。视频时长约 3 分钟。

- **问题 48：中国还有哪些有名的现当代作家？**

  视频 48 将回答这个问题。视频 48 简要介绍现当代有名的作家，并重点介绍除鲁迅以外的现代文学大家。视频时长约 4 分钟。

二 在线学习 💻

这一部分，我们将学习视频 V41—V48。在学习视频前，请预习视频中的重点词汇和重要语法。

（一）重点词汇

	词汇	拼音	词性	英译	等级
1	诗	shī	名	poetry; poem; verse	4
2	先河	xiānhé	名	start	超
3	此后	cǐhòu	名	hereafter; henceforth; henceforward	5
4	辈	bèi	名	generation (in the family)	5
5	曲	qǔ	名	qu (a type of verse for singing, which emerged in the Southern Song and Jin dynasties and became popular in the Yuan dynasty)	7—9
6	当代	dāngdài	名	present age; contemporary era	5
7	传承	chuánchéng	名	impart and inherit	7—9
8	殿堂	diàntáng	名	palace hall; temple hall; large stately building	7—9
9	集	jí	名	collection; anthology	6
10	民俗	mínsú	名	folk custom; folkways	7—9
11	宫廷	gōngtíng	名	(imperial) palace	7—9
12	描绘	miáohuì	动	depict; describe; portray; draw/give/paint a picture	7—9
13	追求	zhuīqiú	动	court; woo; go/run after	4
14	焦虑	jiāolǜ	形	anxious; worried; troubled	7—9
15	急迫	jípò	形	urgent; pressing	7—9
16	昼夜	zhòuyè	名	day and night; round the clock; all the time	7—9
17	简洁	jiǎnjié	形	succinct; terse; concise; laconic; pithy	7—9
18	意象	yìxiàng	名	imagery	超
19	清晰	qīngxī	形	distinct; clear; explicit	7—9
20	隐喻	yǐnyù	名	metaphor	超
21	里程碑	lǐchéngbēi	名	course (of development)	7—9
22	浓郁	nóngyù	形	(of colour, mentality, atmosphere, smell, etc) deep; pronounced; strong	7—9
23	富有	fùyǒu	动	be rich in; be full of; abound in	6
24	激情	jīqíng	名	fervour; passion; ardour; enthusiasm	6
25	风貌	fēngmào	名	style and features	7—9
26	篇幅	piānfú	名	length (of a piece of writing)	7—9
27	华丽	huálì	形	magnificent; resplendent; gorgeous	7—9
28	奠基	diànjī	动	lay a foundation	超
29	深沉	shēnchén	形	deep	超
30	宏伟	hóngwěi	形	magnificent; grand	7—9
31	感染力	gǎnrǎnlì	名	appeal; power to influence; punch	7—9
32	渲染	xuànrǎn	动	embroider	超
33	游说	yóushuì	动	lobby	超
34	撰写	zhuànxiě	动	write (usually short articles)	7—9
35	纪传体	jìzhuàntǐ	名	history presented in a series of biographies	超

	词汇	拼音	词性	英译	等级
36	事迹	shìjì	名	deed; achievement	7—9
37	模式	móshì	名	model; pattern; type	5
38	虚构	xūgòu	动	fabricate; make up; invent	7—9
39	巧妙	qiǎomiào	形	clever; ingenious; skilful	6
40	由此	yóu cǐ		from this; therefrom; hence; thus	5
41	截	jié	动	cut; sever	7—9
42	押韵	yāyùn	动	in rhyme	超
43	揭示	jiēshì	动	reveal; bring to light	7—9
44	勾勒	gōulè	动	sketch	超
45	咏	yǒng	动	use poetry and so on to describe	超
46	恢弘	huīhóng	形	extensive	超
47	缜密	zhěnmì	形	meticulous	超
48	丰碑	fēngbēi	名	monument	超
49	贴近	tiējìn	动	keep/press close to; nestle up against	7—9
50	塑造	sùzào	动	portray	7—9
51	奸诈	jiānzhà	形	fraudulent; crafty; treacherous	7—9
52	鲁莽	lǔmǎng	形	rash; reckless; imprudent	7—9
53	衍生	yǎnshēng	动	evolve; produce	7—9
54	歌颂	gēsòng	动	laud; eulogize; extol; sing the praise (of)	7—9
55	原型	yuánxíng	名	prototype	7—9
56	细腻	xìnì	形	exquisite; minute	7—9
57	先驱	xiānqū	名	pioneer; forerunner; avant-courier	超
58	灵魂	línghún	名	soul (as the essential element or part of sth); core	7—9
59	犀利	xīlì	形	sharp; incisive; trenchant	超
60	批判	pīpàn	动	criticize; castigate; censure	7—9
61	反思	fǎnsī	动	introspect; reflect over the past; search one's heart	7—9
62	解剖	jiěpōu	动	dissect	7—9
63	劣根性	liègēnxìng	名	deep-rooted bad habits	超
64	幻觉	huànjué	名	hallucination; illusion	7—9
65	土壤	tǔrǎng	名	soil	7—9
66	畸形	jīxíng	形	lopsided; abnormal; unbalanced	7—9
67	熏陶	xūntáo	动	nurture; cultivate; edify; influence (positively)	7—9
68	气魄	qìpò	名	imposing manner; dignified air; momentum	7—9
69	先锋	xiānfēng	名	vanguard; van; pioneer	6
70	因人而异	yīnrén'éryì		vary from person to person; differ from individual to individual	7—9
71	博大精深	bódà-jīngshēn		extensive and profound	超
72	独一无二	dúyī-wú'èr		unique	7—9

	词汇	拼音	词性	英译	等级
73	层出不穷	céngchū-bùqióng		emerge in an endless stream	7—9
74	融会贯通	rónghuì-guàntōng		achieve mastery through a comprehensive study of the subject	超
75	滔滔不绝	tāotāo-bùjué		pour out words in a steady flow; speak unceasingly	7—9

（二）重要语法

1. 将【五10】

意思是"把"，与"把"字句中的"把"意思相同，多用于书面语。

(1) 父母将他送到中国留学。

(2) 禁止将书带出阅览室。

(3)《史记》将历史和文学巧妙地结合了起来。

2. 不妨【七—九030】

表示可以这样做。一般用于表达建议。

(1) 据说这个药效果很好，你不妨试一试。

(2) 关于这个问题，咱们不妨听一听别人的建议。

(3)《史记》中一定有你喜欢的人物和故事，课后不妨去读读。

3. 动词+起来【五34】

"起来"是趋向补语，"动词+起来"表示动作行为的开始。

(1) 他大声地哭起来了。

(2) 这项工作上个月就干起来了。

(3) 中国的格律诗直到唐代才逐渐成熟起来。

（三）学习视频V41—V48

看视频V41—V48，完成下列练习题。

（一）判断正误

1. 中国是一个古典文学大国。 （　　）
2. 《诗经》是中国最早的诗歌总集。 （　　）
3. 《战国策》记载了从公元前8世纪到公元前5世纪前后
   200多年的历史。 （　　）
4. 《史记》是东汉史学家司马迁撰写的史书，是中国历
   史上第一部纪传体通史。 （　　）
5. 唐诗严格押韵、用字简练、意象密集，并长于表现丰
   富的感情，这是唐诗主要的艺术特色。 （　　）

（二）单项选择

1. 宋词中豪放派的代表人物是_____。
   A. 苏轼　　　　　B. 李清照　　　　C. 李白　　　　D. 杜甫

2. 四大名著除了《三国演义》《水浒传》《西游记》，还有_____。
   A.《史记》　　　B.《战国策》　　C.《红楼梦》　　D.《雷雨》

3. 鲁迅创造的新的文学形式是_____。
   A. 诗歌　　　　　B. 杂文　　　　　C. 小说　　　　D. 话剧

4. 下面哪本小说是莫言创作的？（　　）
   A.《四世同堂》　B.《狂人日记》　C.《家》　　　　D.《红高粱》

5. 下面哪位作家的小说被称为"京味小说"？（　　）
   A. 曹禺　　　　　B. 老舍　　　　　C. 茅盾　　　　D. 王蒙

四 回答问题

1. 请简要说明《诗经》和楚辞的主要内容和成就。

2. 请简要说明《史记》的主要内容和成就。

3. 请从题材和形式上分析唐诗宋词的魅力。

4. 请简要说说四大名著的内容及其影响。

5. 你最感兴趣的中国现当代作家是哪位？为什么？

五 拓展学习

（一）阅读材料，回答问题

水调歌头·明月几时有
苏轼

　　明月几时有？把酒[1]问青天。不知天上宫阙[2]，今夕是何年。我欲乘风[3]归去，又恐琼楼玉宇[4]，高处不胜[5]寒。起舞弄清影[6]，何似[7]在人间。

　　转朱阁[8]，低绮户[9]，照无眠。不应有恨，何事[10]长向别时圆[11]？人有悲欢离合，月有阴晴圆缺，此事古难全。但愿人长久，千里共婵娟[12]。

译文：

　　明月从什么时候才开始出现的？我端起酒杯遥问苍天。不知道在天上的宫殿，现在是何年何月。我想要乘着清风回到天上，又恐怕在美玉砌成的楼宇上，受不了高耸九天的寒冷。翩翩起舞玩赏着月下清影，哪像是在人间。

　　月儿转过朱红色的楼阁，低低地挂在雕花的窗户上，照着没有睡意的自己。明月不该对人们有什么怨恨吧，为什么偏在人们离别时才圆呢？人有悲欢离合的变迁，月有阴晴圆缺的转换，这种事自古以来难以周全。希望这世上所有人的亲人能平安健康，即便相隔千里，也能共享这美好的月光。

---

1 把酒，端起酒杯。把，拿、端。
2 宫阙（què），宫殿。
3 乘风，驾着风；凭借风力。
4 琼（qióng）楼玉宇，美玉砌成的楼宇。
5 不胜，经不住，承受不了。胜，承担、承受。
6 弄清影，欣赏自己起舞时的影子。
7 何似，哪里比得上。
8 转朱阁（zhū gé），月亮移动，转过了朱红色的楼阁。朱阁，朱红的华丽楼阁。
9 绮（qǐ）户，华丽的门窗。
10 何事，为什么。
11 长向别时圆，在人们分离时变圆。
12 千里共婵娟（chánjuān），虽相隔千里，也能一起欣赏美月。婵娟，月亮。

1. 请查阅工具书或与同学讨论，谈一谈你怎么理解下面的词句。

    （1）天上宫阙   （2）乘风归去

    （3）高处不胜寒   （4）不应有恨，何事长向别时圆？

    （5）人有悲欢离合，月有阴晴圆缺。   （6）但愿人长久，千里共婵娟。

2. 小组讨论，回答下列问题。

    （1）谈谈你对这首宋词的理解。

    （2）欣赏或学唱中文流行歌曲《明月几时有》，并分享心得。

    （3）在苏轼的这首词中，月亮的"阴晴圆缺"有什么象征意义？

    （4）"月"是中国诗歌中的常见意象，请找到其他带有"月"的诗歌并分析其
        意义。

（二）查一查，说一说

    1881年，鲁迅出生在浙江绍兴的一个富裕家庭里。17岁时，他背井离乡到南京求学。在南京求学期间，他阅读了很多进步书刊。1902年，鲁迅东渡日本求学，寻找救国的道路。一开始，鲁迅在日本学习的是医学，后来，他发现与医治病体相比，当时的人们更需要医治的是心灵。因此，他决定弃医从文，用文章来唤醒"沉睡在铁屋子里的中国人"。1918年，鲁迅发表了中国历史上第一篇白话文小说《狂人日记》，从此，鲁迅在"呐喊"声中踏上了文坛，并成为了新文化运动重要的代表人物。1936年，鲁迅在上海逝世，享年55岁。毛泽东曾评价："鲁迅是中国文化革命的主将，他不但是伟大的文学家，而且是伟大的思想家和伟大的革命家。"

    请查阅相关资料，回答下列问题。

    1. 鲁迅为什么会选择"弃医从文"？

    2."鲁迅在'呐喊'声中踏上了文坛"，这句话有什么比喻意义？

    3. 你怎么理解毛泽东对鲁迅的评价？

（三）看图说话

下面是四幅与中国古典长篇小说四大名著有关的图片，请与同学讨论它们分别出自哪部小说，并说说它们各自的故事。

六 研究与实践

请选择下列任务中的一个，尝试撰写一篇研究报告，或者拍摄一个5—8分钟的小视频。

1. 谈一谈中国先秦散文对后世文学的影响。
2. 谈一谈《史记》的文学价值及历史价值。
3. 翻译一首唐诗或宋词，并与自己国家的诗歌进行比较。
4. 中国很多文学作品都被拍成了电影或电视剧，任选其一观看并阅读原著，对比两类作品，谈谈你的感受。
5. 如果让你向你的同胞介绍中国文学，你会怎么介绍？

一 本章回答的问题 🖥

- **问题 49：中国书法常用的书体有哪些？**
  视频 49 将回答这个问题。视频 49 重点介绍中国书体的演变过程及这些书体的基本特点。视频时长约 4 分钟。

- **问题 50：中国画主要的特点是什么？**
  视频 50 将回答这个问题。视频 50 重点介绍中国画的题材、风格和形式，以及中国画不同于西洋画的艺术特征。视频时长约 3 分钟。

- **问题 51：中国有多少戏曲种类？**
  视频 51 将回答这个问题。视频 51 重点介绍中国戏曲的代表性剧种及其艺术特征。视频时长约 5 分钟。

- **问题 52：中国传统音乐的主要特点是什么？**
  视频 52 将回答这个问题。视频 52 重点介绍中国传统音乐不同于西方音乐的主要原因，以及中国传统音乐的演唱艺术形式和演奏艺术形式。视频时长约 4 分钟。

第七章
艺术

- **问题 53：中国传统舞蹈有哪些特点？**

  视频 53 将回答这个问题。视频 53 重点介绍中国传统舞蹈的发展历程及其区别于其他舞蹈的五大要素。视频时长约 4 分钟。

- **问题 54：中国古代建筑有哪些艺术特点？**

  视频 54 将回答这个问题。视频 54 重点介绍中国古代建筑的基本艺术特点及其分类。视频时长约 4 分钟。

- **问题 55：中国工艺美术的形式有哪些？**

  视频 55 将回答这个问题。视频 55 重点介绍具有代表性的中国工艺美术形式。视频时长约 4 分钟。

- **问题 56：中国陶瓷艺术经历了怎样的发展？**

  视频 56 将回答这个问题。视频 56 重点介绍中国陶瓷的发展阶段及其特点。视频时长约 4 分钟。

二 在线学习 🖥

　　这一部分，我们将学习视频 V49—V56。在学习视频前，请预习视频中的重点词汇和重要语法。

78

（一）重点词汇

	词汇	拼音	词性	英译	等级
1	传统	chuántǒng	形	traditional	4
2	载体	zàitǐ	名	medium; carrier	7—9
3	手段	shǒuduàn	名	means; method	5
4	孕育	yùnyù	动	give birth to; be pregnant with	7—9
5	遗产	yíchǎn	名	inheritance; heritage	4
6	建筑	jiànzhù	名	building	5
7	刺绣	cìxiù	名	embroidery; needlework	7—9
8	工艺	gōngyì	名	craft; handicraft	5
9	美术	měishù	名	fine arts; arts	3
10	探索	tànsuǒ	动	explore; seek	6
11	独特	dútè	形	unique; distinctive	4
12	审美	shěnměi	动	appreciate the beautiful	7—9
13	距	jù	动	be apart/away from	7—9
14	制作	zhìzuò	动	make; manufacture	3
15	演变	yǎnbiàn	动	develop; evolve	7—9
16	刻	kè	动	carve; engrave	5
17	铸	zhù	动	cast; coin	超
18	线条	xiàntiáo	名	line; streak	7—9
19	起伏	qǐfú	动	rise and fall; fluctuate	7—9
20	波动	bōdòng	动	fluctuate; undulate	6
21	部件	bùjiàn	名	parts; components	7—9
22	连笔	liánbǐ	形	joined-up (strokes)	超
23	辨认	biànrèn	动	identify; recognize	7—9
24	褪色	tuìsè	动	fade	超
25	鲜艳	xiānyàn	形	bright-coloured; gaily-coloured	5
26	风格	fēnggé	名	style; mode	4
27	光影	guāngyǐng	名	shadow; chiaroscuro	超
28	焦点	jiāodiǎn	名	focal point; focus	6
29	透视	tòushì	名	fluoroscopy; perspectivity	超
30	观赏	guānshǎng	动	enjoy the sight (of); (view and) admire	7—9
31	想象	xiǎngxiàng	动	imagine; visualize	4
32	简化	jiǎnhuà	动	simplify	7—9
33	底蕴	dǐyùn	名	heritage; accumulation	7—9
34	表演	biǎoyǎn	名	performance	3
35	背景	bèijǐng	名	backdrop; background	4
36	虚拟	xūnǐ	形	suppositional; hypothetical	7—9
37	特定	tèdìng	形	specially designated/appointed	5

	词汇	拼音	词性	英译	等级
38	程式	chéngshì	名	form	超
39	角色	juésè	名	role; part	4
40	随意	suíyì	形	at will; at random	5
41	夸张	kuāzhāng	形	exaggerated	7—9
42	造型	zàoxíng	名	modelling; mould-making	4
43	透露	tòulù	动	divulge; reveal	6
44	内涵	nèihán	名	intention; connotation	7—9
45	韵味	yùnwèi	名	quality of musical sound/tone	7—9
46	腔调	qiāngdiào	名	accent; tone	超
47	结构	jiégòu	名	structure; construction	4
48	对称	duìchèn	形	symmetric; symmetrical	7—9
49	抒发	shūfā	动	express; give expression to	超
50	演奏	yǎnzòu	动	give an instrumental performance; play a musical instrument	6
51	伴奏	bànzòu	动	accompany; play an accompaniment (for sb)	7—9
52	技艺	jìyì	名	skill; artistry	7—9
53	阶层	jiēcéng	名	(social) stratum	7—9
54	要素	yàosù	名	essential factor; key element	6
55	身躯	shēnqū	名	body; stature	7—9
56	力度	lìdù	名	strength; force	7—9
57	幅度	fúdù	名	range; extent	5
58	砖	zhuān	名	brick	7—9
59	木材	mùcái	名	timber; wood	7—9
60	装饰	zhuāngshì	名	ornament	5
61	皇宫	huánggōng	名	imperial palace; palace	7—9
62	园林	yuánlín	名	garden; park	5
63	平民	píngmín	名	common people; civilian	7—9
64	窑	yáo	名	porcelain baked in a famous kiln	7—9
65	花纹	huāwén	名	decorative pattern; figure	7—9
66	赞叹	zàntàn	动	gasp in/with admiration; highly praise	7—9
67	精品	jīngpǐn	名	fine works (of art)	6
68	精致	jīngzhì	形	exquisite; delicate	7—9
69	严谨	yánjǐn	形	compact; well-knit	7—9
70	逼真	bīzhēn	形	true to life; lifelike	7—9
71	镶嵌	xiāngqiàn	动	inlay; set	7—9
72	釉	yòu	名	(porcelain) glaze	超
73	坚硬	jiānyìng	形	hard; solid	7—9
74	创新	chuàngxīn	动、名	innovate; innovation	3

（二）重要语法

1. 比起……（来）【七—九90】

"比起"是介词，一般用于比较句中。"比起……（来）"是表示比较的固定结构，中间一般加比较的对象，后面会用一个小句表示比较的结果。

(1) 比起其他人，我的想法太简单了。

(2) 比起唱歌来，他更喜欢跳舞。

(3) 比起篆书来，汉代的隶书笔画变得平直。

2. ……，且……【七—九100】

"且"用于连接语意相承的分句，表示递进关系，后面分句所表示的意思比前面分句更进一层。

(1) 他办事严谨而认真，且十分负责，获得了领导的信任。

(2) 这一条街又脏又乱，总是很潮湿，且一年四季总不免有种古怪气味。

(3) 工笔强调使用线条，且不讲究光影变化。

3. 继而【七—九055】

"继而"是连词，表示紧随在某一情况或动作之后。

(1) 他本来不同意的，可继而一想，又觉得是一个好机会。

(2) 人民币升值将会影响到中国的出口，继而影响中国的经济增长。

(3) 技师们在木器上涂抹几十层甚至上百层生漆，继而雕出各种图案。

（三）学习视频V49—V56

看视频V49—V56，完成下列练习题。

（一）判断正误

1. 中国画的作画工具只有笔墨纸砚。　　　　　　　　　　（　　　）
2. 甲骨文是用毛笔写在龟甲兽骨上的文字。　　　　　　　（　　　）
3. 隶书是汉字从古文字转变为今文字的分水岭。　　　　　（　　　）
4. 通过屋顶的形态就可以区分出不同的建筑风格。　　　　（　　　）
5. 苏绣、湘绣、粤绣、蜀绣被称为中国四大名绣。　　　　（　　　）

（二）单项选择

1. 以下哪一种不是中国传统乐器？（　　　）
   A. 唢呐　　　　　B. 竖笛　　　　　C. 琵琶　　　　　D. 二胡

2. 以下哪一项不属于中国戏曲的五大剧种？（　　　）
   A. 黄梅戏　　　　B. 川剧　　　　　C. 越剧　　　　　D. 京剧

3. 五大名窑中哪一个不是主要烧制青瓷的？（　　　）
   A. 官窑　　　　　B. 定窑　　　　　C. 汝窑　　　　　D. 钧窑

4. 以下哪一个部位的动作不属于舞蹈的手部动作？（　　　）
   A. 手指　　　　　B. 手掌　　　　　C. 肩膀　　　　　D. 脖子

5. 以下哪一项不是中国绘画的主要题材？（　　　）
   A. 山水　　　　　B. 建筑　　　　　C. 花鸟　　　　　D. 人物

四 回答问题

1. 请简要说明中国书体演变的过程。
2. 请简要说明中国戏曲不同于西方戏剧的
   主要特点。
3. 请按用途归纳总结中国建筑的种类。
4. 请简要说明如何烧制出不同颜色的陶瓷。
5. 与西方绘画相比，中国画有什么不同之处？

五 拓展学习

（一）阅读材料，回答问题

　　中华文化既是历史的、也是当代的，既是民族的、也是世界的。只有扎根脚下这块生于斯、长于斯的土地，文艺才能接住地气、增加底气、灌注生气，在世界文化激荡中站稳脚跟。正所谓"落其实者思其树，饮其流者怀其源"。我们要坚持不忘本来、吸收外来、面向未来，在继承中转化，在学习中超越，创作更多体现中华文化精髓、反映中国人审美追求、传播当代中国价值观念、又符合世界进步潮流的优秀作品，让我国文艺以鲜明的中国特色、中国风格、中国气派屹立于世。

节选自习近平《在中国文联十大、中国作协九大开幕式上的讲话》

2016年11月30日

　　博大精深的中华文明是中华民族独特的精神标识，是当代中国文艺的根基，也是文艺创新的宝藏。中国文化历来推崇"收百世之阙文，采千载之遗韵"。要挖掘中华优秀传统文化的思想观念、人文精神、道德规范，把艺术创造力和中华文化价值融合起来，把中华美学精神和当代审美追求结合起来，激活中华文化生命力。故步自封、陈陈相因谈不上传承，割断血脉、凭空虚造不能算创新。要把握传承和创新的关系，学古不泥古、破法不悖法，让中华优秀传统文化成为文艺创新的重要源泉。

节选自习近平《在中国文联十一大、中国作协十大开幕式上的讲话》

2021年12月14日

1. 请查阅工具书或与同学讨论，谈一谈你怎么理解下面的词句。

    （1）接住地气、增加底气、灌注生气　（2）落其实者思其树，饮其流者怀其源

    （3）不忘本来、吸收外来、面向未来　（4）收百世之阙文，采千载之遗韵

    （5）故步自封　　　　　　　　　　　（6）陈陈相因

    （7）学古不泥古、破法不悖法

2. 小组讨论，回答下列问题。

    （1）为什么说"中华文化既是历史的、也是当代的，既是民族的、也是世界的"？

    （2）怎样理解文学、艺术"要坚持不忘本来、吸收外来、面向未来"？

    （3）"让中华优秀传统文化成为文艺创新的重要源泉"，你能举出这样的例子吗？

（二）看视频，回答问题

看视频《海派百工——刺绣》，在学习平台讨论区开展讨论。

1. 视频中的"画绣"与其他哪些艺术形式有联系？如中国画、音乐、戏曲、文学等。

2. 刺绣可以应用在生活的哪些方面？如生活服饰（绣花鞋、虎头帽、荷包、香囊）、戏曲服饰、陈列装饰品等。

3. 你对中国传统艺术形式的传承与创新有哪些新的认识？

（三）看图说话

请与同学讨论下列图片代表的是中国哪些艺术形式？这些艺术形式的特点是什么？

六 研究与实践

请选择下列任务中的一个，尝试撰写一篇研究报告，或者拍摄一个5—8分钟的小视频。

1. 你的国家有书法吗？如果有，请谈谈中国书法与它的异同。
2. 举例分析中西方绘画的主要不同。
3. 对比中国传统音乐与你们国家传统音乐的异同。
4. 向你的朋友介绍一件有代表性的中国工艺美术作品。
5. 尝试向你的同胞介绍中国的一种艺术形式。

─ 本章回答的问题 🖥

- **问题 57：汉语是中国境内唯一的语言吗？**
  视频 57 将回答这个问题。视频 57 重点介绍中国语言的多样性和丰富性。视频时长约 3 分钟。

- **问题 58：什么是"汉字文化圈"？**
  视频 58 将回答这个问题。视频 58 重点讲解了汉语和汉字在周边国家及华人社区的重要影响力。视频时长约 2 分钟。

- **问题 59：汉语就是普通话吗？**
  视频 59 将回答这个问题。视频 59 重点介绍汉语中的普通话和方言。视频时长约 4 分钟。

- **问题 60：中国历史上使用时间最长的书面语是什么？**
  视频 60 将回答这个问题。视频 60 重点讲解了文言文和白话文各自的发展历史。视频时长约 3 分钟。

第八章
语言文字

- 问题 61：汉字为什么有简体字和繁体字的区别？

  视频 61 将回答这个问题。视频 61 简要介绍简体字和繁体字的各自特点。视频时长约 3 分钟。

- 问题 62：汉字构造的基本原理有哪些？

  视频 62 将回答这个问题。视频 62 重点介绍汉字的四种造字法。视频时长约 5 分钟。

- 问题 63：中国有什么样的语言政策？

  视频 63 将回答这个问题。视频 63 重点讲解了中国开放包容的语言政策。视频时长约 5 分钟。

- 问题 64：中文在世界上的传播情况是怎样的？

  视频 64 将回答这个问题。视频 64 重点介绍国际中文教育的发展和趋势。视频时长约 5 分钟。

二 在线学习

这一部分，我们将学习视频 V57—V64。在学习视频前，请预习视频中的重点词汇和重要语法。

（一）重点词汇

	词汇	拼音	词性	英译	等级
1	中断	zhōngduàn	动	suspend	5
2	方言	fāngyán	名	dialect	7—9
3	确立	quèlì	动	establish; set up	5
4	通用	tōngyòng	动	be commonly used	5
5	影响力	yǐngxiǎnglì	名	influence	超
6	多样	duōyàng	形	diversified; various	4
7	悠久	yōujiǔ	形	long in time	7—9
8	统一	tǒngyī	动、形	unify; unified	4
9	包含	bāohán	动	contain	4
10	拥有	yōngyǒu	动	possess	5
11	差异	chāyì	名	difference	6
12	多元	duōyuán	形	multivariate	7—9
13	魅力	mèilì	名	charm	7—9
14	社区	shèqū	名	community	5
15	规模	guīmó	名	scale	4
16	来源	láiyuán	名	source; origin	4
17	提升	tíshēng	动	promote	6
18	障碍	zhàng'ài	名	obstacle	6
19	著作	zhùzuò	名	work	4
20	系统	xìtǒng	名	system	4
21	抛弃	pāoqì	动	abandon	7—9
22	颁布	bānbù	动	formally make public	7—9
23	沟通	gōutōng	动	link up; connect	5
24	扮演	bànyǎn	动	play (the part of)	5
25	典籍	diǎnjí	名	ancient books or records	超
26	大致	dàzhì	副	chiefly; generally	5
27	摹仿	mófǎng	动	copy; imitate	超
28	历代	lìdài	名	past dynasties	超
29	认定	rèndìng	动	believe	5
30	推移	tuīyí	动	(of time) elapse; pass	7—9
31	戏剧	xìjù	名	drama	5
32	双重	shuāngchóng	形	double; dual	7—9
33	掀起	xiānqǐ	动	lift; raise	7—9

	词汇	拼音	词性	英译	等级
34	文学家	wénxuéjiā	名	writer	超
35	逐渐	zhújiàn	副	gradually	4
36	文体	wéntǐ	名	genre	超
37	演化	yǎnhuà	动	evolve	超
38	趋势	qūshì	名	tendency	4
39	文盲	wénmáng	名	illiterate person	7—9
40	古籍	gǔjí	名	ancient books	超
41	领域	lǐngyù	名	territory; field	7—9
42	允许	yǔnxǔ	动	permit; allow	6
43	承载	chéngzài	动	bear the weight (of sth)	7—9
44	构造	gòuzào	名	structure	4
45	原理	yuánlǐ	名	principle	5
46	陶器	táoqì	名	pottery	超
47	符号	fúhào	名	symbol	4
48	雏形	chúxíng	名	prototype	超
49	体系	tǐxì	名	system; setup	7—9
50	概括	gàikuò	动、形	summarize; brief and to the point	4
51	树梢	shùshāo	名	tip of a tree	7—9
52	跨越	kuàyuè	动	cross	7—9
53	并存	bìngcún	动	coexist	超
54	原则	yuánzé	名	principle	4
55	显著	xiǎnzhù	形	remarkable	4
56	一贯	yíguàn	形	consistent; persistent	6
57	维护	wéihù	动	maintain	4
58	禁止	jìnzhǐ	动	prohibit; ban	4
59	歧视	qíshì	动	discriminate (against)	7—9
60	鼓励	gǔlì	动、名	encourage; encouragement	5
61	保障	bǎozhàng	动	ensure; safeguard	7—9
62	青睐	qīnglài	动	favour	超
63	机构	jīgòu	名	institution	4
64	营利	yínglì	动	make a profit	超
65	截至	jiézhì	动	be no later than	6
66	衡量	héngliáng	动	weigh; measure	6
67	权威	quánwēi	名	authority	7—9
68	一脉相承	yímài-xiāngchéng		share the same origins	超

（二）重要语法

1. 尽管……，但（是）……【五45】

表示转折关系的复句。前面分句提出某种事实或情况，后面分句与前面分句相反或相对。

(1) 尽管这次考试很难，但是很多人都通过了。

(2) 尽管外面在下雨，但是他一定要去超市买东西。

(3) 尽管语音上有不小的差异，但语音对应规律非常强。

2. 随着……【五09】

表示动作、行为或事件的发生所依赖的条件，用在句首或动词前面。

(1) 随着时间的推进，我慢慢理解了他的做法。

(2) 随着冬天的到来，房间越来越冷。

(3) 随着中国经济和文化的提升，越来越多国家的人民愿意学习汉语。

3. 总的来说【七—九079】

表示对总体情况的判断和概括，用于表达观点。

(1) 总的来说，他的身体状态还算不错。

(2) 她的专业能力很不错，工作态度总的来说也很端正，是个很好的合作伙伴。

(3) 总的来说，普通话和方言都在中国语言系统中扮演着重要角色。

（三）学习视频V57—V64

看视频V57—V64，完成下列练习题。

（一）判断正误

1. 汉语就是指普通话。 （　　）
2. 中国通用语言文字是汉字。 （　　）
3. 汉语是海外华人最重要的语言之一。 （　　）
4. 在中国，不同地区的人有时互相听不懂对方的发音。 （　　）
5. 普通话和方言共同来源于现代汉语。 （　　）

（二）单项选择

1. 中国境内一共有多少个民族？ （　　）
   A. 50 　　　　B. 55 　　　　C. 56 　　　　D. 60

2. 普通话以哪里的语音为标准音？ （　　）
   A. 上海语音 　B. 广东语音 　C. 北京语音 　D. 重庆语音

3. 历代官方认定的标准汉语书面语是什么？ （　　）
   A. 先秦汉语 　B. 文言文 　　C. 上古汉语 　D. 白话文

4. 下面哪个字是繁体字？ （　　）
   A. 東 　　　　B. 车 　　　　C. 东 　　　　D. 国

5. 下面哪个是会意字？ （　　）
   A. 上 　　　　B. 下 　　　　C. 林 　　　　D. 月

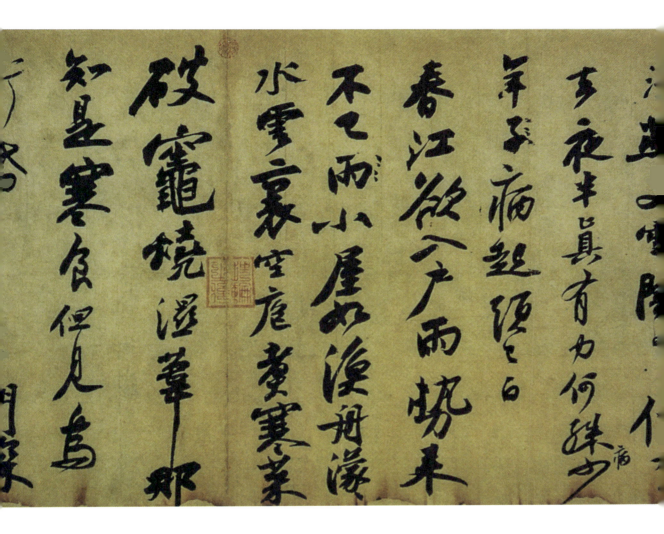

四 回答问题

1. 请简要说明汉语的方言分区。
2. 请简要说明什么是普通话。
3. 汉字为什么会有简体字与繁体字之分？
   它们各自的优缺点是什么？
4. 请简要说明中国的语言政策。
5. 中文在世界上传播的历史和现状如何？

（一）阅读材料，回答问题

古文字：甲骨文、金文、小篆

	今文字	甲骨文	金文	小篆
1				
2				
3				
4				
5				
6				
7				
8			无此字	
9		无此字		
10		无此字		

1. 上面每行古文字分别对应今天的哪个汉字？把答案写在空格处。

2. 小组讨论，回答下列问题。

    （1）结合上面的例字，请说明汉字的造字法有几种，分别是什么？
    （2）你怎么判断不同汉字的造字方法？
    （3）汉字和你了解的其他文字相比，最大的特点是什么？

（二）查一查，说一说

    明朝最早建都南京，当时官方语言为南京官话。明代永乐年间迁都北京，南京话成为当时北京语音的基础。清军入主北京后，清政府积极学习汉文化，满族人开始学说北京话，逐步形成新的北京官话，并在全国推广。就在这个时期，清政府为了解决缺少耕地的问题，将北京地区的一些满族居民迁往一个地方开荒种田，这里就是后来的滦平。渐渐地，北京话逐渐形成了自己的特点，比如儿化多、省音现象多、尾音严重等。相比之下，滦平话却更加清晰、准确，更易于学习和推广。因此，滦平话逐渐成为了最接近普通话的方言，滦平也成为了普通话语音采集地之一。

    请查阅相关资料，回答下列问题。
    1. 滦平话为什么最接近普通话？
    2. "官话"是什么意思？滦平话和官话有什么关系？
    3. 做一个调查，对比北京话和普通话之间的异同。

（三）看图说话

请与同学讨论下列图片，谈谈它们所代表的中国语言和文字的相关故事。

六 研究与实践

请选择下列任务中的一个，尝试撰写一篇研究报告，或者拍摄一个5—8分钟的小视频。

1. 中国为什么要推广普通话和简体字？
2. 结合第四章阅读过的古代汉语文本，谈谈你对文言文特点的理解。
3. 你们国家除了通用的标准语言文字外，还存在方言或其他文字吗？
4. 调查你的同胞学习中文的情况。
5. 根据本章所学，你会向你的同胞怎么介绍中国的语言和文字？

一 本章回答的问题

- **问题 65：中国古代经济的主要支柱是什么？**
  视频 65 将回答这个问题。视频 65 主要介绍中国经济在历史上的重要发展阶段。视频时长约 5 分钟。

- **问题 66：改革开放包含哪些内容？**
  视频 66 将回答这个问题。视频 66 重点讲解了什么是改革开放，以及改革开放的具体措施和成就。视频时长约 5 分钟。

- **问题 67：什么是五年规划？**
  视频 67 将回答这个问题。视频 67 着重介绍中国的五年规划及其目标和意义。视频时长约 4 分钟。

- **问题 68：什么是中国特色社会主义市场经济？**
  视频 68 将回答这个问题。视频 68 主要讲解了中国特色社会主义市场经济的含义、运行机制和发展方向。视频时长约 4 分钟。

- **问题 69：中国的三大产业分别发展得怎么样？**
  视频 69 将回答这个问题。视频 69 简要介绍三大产业的定义，以及中国三大产业的现状和政策。视频时长约 8 分钟。

第九章
经济

- **问题 70：什么是经济发展新常态？**

  视频 70 将回答这个问题。视频 70 解释了经济发展新常态的含义，并指出在经济发展新常态中发生的主要转变。视频时长约 6 分钟。

- **问题 71：经济特区和自贸区有哪些作用？**

  视频 71 将回答这个问题。视频 71 主要讲述经济特区和自贸区的作用，并介绍深圳经济特区、上海自贸区和海南自贸港。视频时长约 5 分钟。

- **问题 72："一带一路"倡议的特点是什么？**

  视频 72 将回答这个问题。视频 72 简要讲述"一带一路"倡议的目标、发展历史和贡献。视频时长约 5 分钟。

- **问题 73：脱贫攻坚计划是什么？**

  视频 73 将回答这个问题。视频 73 简单介绍脱贫攻坚计划，包括脱贫攻坚计划的背景、实施过程和成就。视频时长约 4 分钟。

- **问题 74：什么是乡村振兴战略？**

  视频 74 将回答这个问题。视频 74 讲述了乡村振兴战略的意义、目标和实施方式。视频时长约 4 分钟。

二 在线学习 🖥

　　这一部分，我们将学习视频 V65—V74。在学习视频前，请预习视频中的重点词汇和重要语法。

（一）重点词汇

	词汇	拼音	词性	英译	等级
1	改革	gǎigé	名	reform	5
2	攀升	pānshēng	名	increase	7—9
3	产业	chǎnyè	名	industry	5
4	多变	duōbiàn	形	changeable	超
5	导向	dǎoxiàng	名	guidance; orientation	7—9
6	供给	gōngjǐ	动	supply	6
7	农业	nóngyè	名	agriculture	3
8	扎实	zhāshi	形	sturdy; firm; strong	6
9	贸易	màoyì	名	trade	5
10	外交	wàijiāo	名	diplomacy; foreign affairs	3
11	制造业	zhìzàoyè	名	manufactory industry	超
12	生产力	shēngchǎnlì	名	productivity	超
13	消费	xiāofèi	动	consume	3
14	集市	jíshì	名	fair	超
15	储备	chǔbèi	名	reserve	7—9
16	战略	zhànlüè	名	strategy	6
17	沿线	yánxiàn	名	along the line	7—9
18	脱贫	tuōpín	动	alleviate poverty	超
19	承包	chéngbāo	动	undertake a contract	7—9
20	经营	jīngyíng	动	plan and manage; operate	3
21	自负盈亏	zì fù yíngkuī		assume sole responsibility for one's own profits or losses	超
22	国有	guóyǒu	动	be state-owned	7—9
23	依赖	yīlài	动	rely on	6
24	私营	sīyíng	形	privately operated	7—9
25	兼并	jiānbìng	动	merge	超
26	收购	shōugòu	动	purchase	5
27	效益	xiàoyì	名	beneficial result	7—9
28	资源	zīyuán	名	resources	4
29	借鉴	jièjiàn	动	use for reference	6
30	边境	biānjìng	名	border (area); frontier	5
31	比重	bǐzhòng	名	proportion; percentage	5
32	外汇	wàihuì	名	foreign currency	4
33	规划	guīhuà	名	plan	5
34	国民	guómín	名	nationals	5
35	工业	gōngyè	名	industry	3
36	温饱	wēnbǎo	名	food and clothing	超
37	循环	xúnhuán	名	cycle	6
38	规律	guīlù	名	regular pattern	4
39	实践	shíjiàn	名	practice	6
40	配置	pèizhì	名	allocation	6

	词汇	拼音	词性	英译	等级
41	宏观调控	hóngguān tiáokòng		macro-control	超
42	监管	jiānguǎn	动	supervise	7—9
43	飞跃	fēiyuè	动	advance by leaps and bounds	7—9
44	兼顾	jiāngù	动	take account of two or more things	7—9
45	垄断	lǒngduàn	动	monopoly	7—9
46	畜牧业	xùmùyè	名	animal husbandry	超
47	产量	chǎnliàng	名	output	6
48	攻坚	gōngjiān	动	overcome difficulties	超
49	促进	cùjìn	动	promote; boost	4
50	人力	rénlì	名	manpower	5
51	成本	chéngběn	名	cost	5
52	密集	mìjí	形	intensive; concentrate	7—9
53	批发	pīfā	动	wholesale	7—9
54	零售	língshòu	动	retail	7—9
55	养老	yǎnglǎo	动	provide for the aged	6
56	就业	jiùyè	动	find a job	3
57	常态	chángtài	名	normal conditions	7—9
58	周期	zhōuqī	名	period; cycle	5
59	临时	línshí	形	temporary	4
60	投入	tóurù	名	input	4
61	减缓	jiǎnhuǎn	动	slow down	超
62	短缺	duǎnquē	动	be short of	7—9
63	永续	yǒngxù	形	sustainable	超
64	民生	mínshēng	名	the people's livelihood	超
65	减免	jiǎnmiǎn	动	mitigate	7—9
66	关税	guānshuì	名	customs duty	7—9
67	优惠	yōuhuì	形	preferential; discount	5
68	投资	tóuzī	名	investment	4
69	税收	shuìshōu	名	tax revenue	7—9
70	总部	zǒngbù	名	headquarters	6
71	物流	wùliú	名	interflow of goods	7—9
72	惯例	guànlì	名	convention; common practice	7—9
73	包容	bāoróng	形	inclusive	7—9
74	畅通	chàngtōng	形	unblocked; unimpeded	6
75	商机	shāngjī	名	business opportunity	超
76	基金	jījīn	名	fund	5
77	景气	jǐngqì	形	booming	超
78	均衡	jūnhéng	形	balanced; even	7—9
79	振兴	zhènxīng	动	cause to prosper; promote	7—9
80	迁移	qiānyí	动	migrate; make a move	7—9
81	有目共睹	yǒumù-gòngdǔ		be perfectly obvious	超
82	耳熟能详	ěrshú-néngxiáng		familiar to the ear	7—9
83	流连忘返	liúlián-wàngfǎn		linger on with no intent to leave	超

（二）重要语法

1. ……，进而……【七—九096】

"进而"用于递进复句，表示更进一步。

(1)只有在这样的国家里，教师才能充分发展，进而保护他自己和公共利益。

(2)遇到困难不要回避，挺起身来向它挑战，进而战胜它。

(3)人口老龄化和人民生活水平的提高，必将导致人力成本的提升，进而削弱国内制造业的成本竞争优势。

2. 乃至【七—九099】

表示递进关系，指范围从小到大，数量由少到多，程度由低到高。多用于书面语中。

(1)他的脸色、眼神，乃至一举一动，都被别人看得清清楚楚。

(2)他熟悉北京，也熟悉巴黎，乃至全世界。

(3)这一转变对中国，乃至全世界的环境保护事业都有着重大意义。

3. 从而【五15】

用于连接分句或句子。上文是原因、方法等，下文是结果、目的等。

(1)他努力学习，从而实现了当翻译的理想。

(2)近年来交通行业发展迅速，从而为快递行业提供了有利的条件。

(3)各行各业的一切活动都将数据化，并形成万物互联，从而推动产业的融合。

4. 拿……来说【五29】

用来举例，并引出要说明的事物或情况。

(1)拿成绩来说，他绝对是第一。

(2)拿这件事情来说，你没有做错什么。

(3)就拿食品来说，随着生活质量不断提高，人们的需求从吃得饱转变为吃得营养健康又美味。

（三）学习视频V65—V74

看视频V65—V74，完成下列练习题。

（一）判断正误

    1. 中国古代是以农为本的。 （　　）

    2."大锅饭"是指只要进了国企，就再也不用担心会失业。 （　　）

    3."十三五"阶段的主要目标之一是全面建成小康社会。 （　　）

    4. 计划经济是社会主义的经济手段，市场经济是资本主义的经济手段。 （　　）

    5. 中国特别需要发展的第三产业是金融、医疗等现代服务业。 （　　）

（二）单项选择

    1. 经济发展转入新常态后，_____。

    A. 中国追求的目标是高速增长

    B. 中国经济的增长速度接近年平均10%

    C. 中国不再一味地追求经济的发展速度

    D. 以上都不正确

    2. 上海自贸区_____。

    A. 成立于2015年

    B. 是中国设立的第一个自由贸易区

    C. 于2016年成为世界自由贸易区联合会荣誉会员

    D. 是以旅游为主的服务型贸易自由岛

    3. 以下关于"一带一路"倡议说法正确的是_____。

    A. 让共建国家公平参与、共同分享发展成果

    B. 提倡国与国之间共享繁荣，合作共赢

    C. 2023年是"一带一路"倡议提出十周年

    D. 以上说法全对

4. 中国在_____正式宣布脱贫攻坚战取得全面胜利。

    A. 2022 年　　　　B. 2021 年　　　　C. 2020 年　　　　D. 2019 年

5. 关于乡村振兴战略，以下说法错误的是_____。

    A. 提倡发展可持续生态经济

    B. 政府扶持农村，实现高科技现代化建设

    C. 改善农村生活条件，实现共同富裕

    D. 全面建设社会主义现代化国家，最艰巨最繁重的任务在城镇

四　回答问题

1. 什么是中国的改革开放？
2. 请简要说明中国三大产业的发展情况。
3. 请归纳总结中国的经济发展新常态的涵义。
4. 请举例说明什么是中国的经济特区。
5. 请简要说明脱贫攻坚计划与乡村振兴战略。

五 拓展学习

（一）阅读材料，回答问题

中国的五年规划

1949年，中华人民共和国诞生了。成立初期，人们对社会主义的理解与今天不完全一样，比如，当时的人们认为，计划经济应当是社会主义的标志之一。因此，直到改革开放前夕，中国一直执行的是计划经济模式。计划经济，顾名思义，就是政府要事先制定计划，提出国民经济和社会发展的目标，制定合理的政策和措施，有计划地安排经济活动。政府不但要制定短期计划，而且要制定中期计划、长期计划。1953年，中国向苏联学习，开始制定第一个"五年计划"，全称为"中华人民共和国国民经济和社会发展五年计划纲要"。此后，中国每五年都要制定一个"五年计划"，连续至今。在中国，人们在使用"五年计划"时一般使用简称，比如，第一个"五年计划"就简称为"一五"，以此类推。从"十一五"开始，"五年计划"改称"五年规划"。到2020年，中国已经完成第十三个"五年规划"，2021年中国已进入第十四个"五年规划"。

1978年，中国实行改革开放。中国人开始认识到，计划经济和市场经济都是经济手段，不是判断社会主义和资本主义的标准。在计划经济下，企业与政府关系过于紧密，这造成了企业缺乏活力、生产效率低下等弊端。改革开放以后，中国逐渐从计划经济转变为社会主义市场经济制度。中国开始执行市场经济制度以后，"五年规划"仍然未曾中断过。中国人相信，即便是市场经济也需要长期和中期的规划，因为只有做好规划，发展才有明确的目标，才能保持政策的稳定性，让经济建设和社会发展有条不紊地按照既定的目标前进，这正是中国体制优势的集中体现。

"五年规划"一直是由政府主导制定的，但无数的人参与了它的编制过程，政府也会听取一些普通民众的意见。每一个"五年规划"都要经历研究、起草、论证、听取意见等多个环节，上上下下很多次才能最终定稿，最后由全国人民代表大会发布。因此，"五年规划"是一个凝聚共识的规划，它能够充分体现中国人对未来一段时间的期待和发展目标，全体中国人都会朝着这个目标努力，并做出自己的贡献。

不但国家有"五年规划"，每一级政府也有自己的"五年规划"，甚至一座工厂、一家医院、一所学校也都会制定自己的"五年规划"。"五年规划"是中国国民经济和社会发展长期规划的重要部分。

中国历次"五年规划"取得了很多重大的成就。比如，"一五"期间，华北制药厂建成并生产出青霉素；"三五"期间，中国第一颗人造卫星发射升天；"六五"计划明确了持续建设"三北防护林体系"，经过多年的人工造林，很多的沙漠地带已经被改造成了绿洲；"十一五"完成时，中国成为了世界上高速铁路运营公里最长、在建规模最大的国家，约占世界总运营公里的60%……

在中国，人民的期盼被写进一份份"五年规划"，从"一五"到"十四五"，中国几代领导集体带领全国人民进行着接力跑，一个五年接着一个五年地跑，朝着中国人的理想不停奔跑。

1. 请查阅工具书或与同学讨论，谈一谈你怎么理解下面的词语。
   （1）顾名思义　　　　　（2）有条不紊　　　　　（3）上上下下
   （4）第一颗人造卫星　　（5）三北防护林体系　　（6）高速铁路

2. 小组讨论，回答下列问题。
   （1）"五年规划"是怎么产生的？
   （2）结合上述阅读材料进一步查阅相关资料，调查"五年规划"对国民经济发展产生了哪些重大影响。
   （3）你怎样理解"体制优势"和"接力跑"这两个词？

（二）查一查，说一说

中国在长江干流建成了世界最大的清洁能源走廊，它包括6座巨型梯级水电站，其年均发电量约为3000亿千瓦时，每年可以节约标准煤炭约9045万吨、减少二氧化碳排放量约24840万吨。河北某化工企业主营绿色化工。他们利用先进工艺从洗油中提炼出多种高附加值产品，这些产品可以成为治疗疟疾的重要药物，可用于生产光学树脂材料，合成精密光学镜头、液晶以及手机触摸屏等。化工对环境的污染很严重，而该企业经过一系列改造提升，将二氧化硫、氮氧化物的排放量降低了50%以上。

在中国的工业发展中，类似的案例还有很多。可以说，绿色化是中国工业的新模样。

请查阅相关资料，回答下列问题。
1. 请谈谈中国绿色工业取得了哪些新进展。
2. 你认为绿色工业有什么意义？
3. 工业是中国经济的重要部分。你认为绿色工业和经济发展新常态有什么关系？

（三）看图说话

　　以下图片分别是不同时期的上海浦东陆家嘴，请结合改革开放的历史并查阅相关资料，与同学讨论：上海浦东在改革开放后发生了怎样的变化。

六 研究与实践

请选择下列任务中的一个，尝试撰写一篇研究报告，或者拍摄一个5—8分钟的小视频。

1. 谈一谈改革开放对中国产生了哪些影响。
2. 你们国家有哪些"中国制造"的商品？说说中国的三大产业特征和未来发展方向。
3. 结合案例，分析中国经济发展新常态中的经济变化及经济发展优势。
4. 根据你所知道的"一带一路"倡议的进展情况，说说你对"一带一路"倡议的理解和看法。
5. 谈一谈中国有哪些经济政策和你们国家不同，并举例分析。

一 本章回答的问题

- **问题 75：中国古代的科技成就为世界做出了怎样的贡献？**

  视频 75 将回答这个问题。视频 75 讲述中国古代的科技文明成就，着重为大家介绍中国的四大发明。视频时长约 4 分钟。

- **问题 76：中国近代航空航天事业取得了哪些成就？**

  视频 76 将回答这个问题。视频 76 介绍了中国航空航天事业的起步、推进及现阶段的发展。视频时长约 3 分钟。

- **问题 77：发现青蒿素的过程是怎样的？**

  视频 77 将回答这个问题。视频 77 介绍了青蒿素和中国科学家屠呦呦发现青蒿素的过程。视频时长约 4 分钟。

- **问题 78：中国杂交水稻有哪些优势？**

  视频 78 将回答这个问题。视频 78 介绍了中国"杂交水稻之父"袁隆平带领团队攻克世界性技术难题，并取得突破性进展。视频时长约 5 分钟。

- **问题 79：中国在量子科学领域取得了哪些成就？**

  视频 79 将回答这个问题。视频 79 介绍了中国最前沿的量子科技成就。视频时长约 3 分钟。

第十章
科技

- **问题 80：中国 5G 技术最大的亮点是什么？**

  视频 80 将回答这个问题。视频 80 介绍了中国在 5G 通信技术上的发展优势，并展望了其发展前景。视频时长约 3 分钟。

- **问题 81：中国的北斗卫星导航系统在生活中有哪些应用？**

  视频 81 将回答这个问题。视频 81 介绍了目前北斗卫星导航系统的应用领域、取得的成就和未来展望。视频时长约 2 分钟。

- **问题 82：中国高铁系统有哪些世界之最？**

  视频 82 将回答这个问题。视频 82 向大家展示了中国高铁的建设成就。视频时长约 2 分钟。

- **问题 83：什么是"中国天眼"？**

  视频 83 将回答这个问题。视频 83 介绍了世界上最大的射电望远镜"中国天眼"（FAST）。视频时长约 2 分钟。

- **问题 84："神威·太湖之光"超级计算机的运算速度有多快？**

  视频 84 将回答这个问题。视频 84 讲述了以"神威·太湖之光"为代表的中国超级计算机的发展成就。视频时长约 2 分钟。

二 在线学习

　　这一部分，我们将学习视频 V75—V84。在学习视频前，请预习视频中的重点词汇和重要语法。

（一）重点词汇

	词汇	拼音	词性	英译	等级
1	天文	tiānwén	名	astronomy	5
2	造纸术	zàozhǐshù	名	paper making technology	7—9
3	印刷术	yìnshuāshù	名	art of printing; printing	7—9
4	火药	huǒyào	名	gunpowder	7—9
5	指南针	zhǐnánzhēn	名	compass	7—9
6	航天	hángtiān	动	fly or travel in the space	7—9
7	量子	liàngzǐ	名	quantum	超
8	医药	yīyào	名	medicine	6
9	历法	lìfǎ	名	calendar	超
10	记载	jìzǎi	动	record	4
11	融化	rónghuà	动	melt	7—9
12	灌溉	guàngài	动	irrigate	7—9
13	纤维	xiānwéi	名	fibre	7—9
14	携带	xiédài	动	carry; take along	7—9
15	涂	tú	动	apply	7—9
16	炼丹	liàndān	动	make pills	超
17	火箭	huǒjiàn	名	rocket	6
18	磁铁	cítiě	名	magnet	超
19	磁场	cíchǎng	名	magnetic field	超
20	航海	hánghǎi	名	navigation	7—9
21	测量	cèliáng	动	survey	4
22	研制	yánzhì	动	develop	4
23	原子弹	yuánzǐdàn	名	atomic bomb	超
24	导弹	dǎodàn	名	(guided) missile	7—9
25	人造卫星	rénzào wèixīng		artificial satellite	超
26	发射	fāshè	动	launch	5
27	爆炸	bàozhà	动	explode	6
28	氢弹	qīngdàn	名	hydrogen bomb	超
29	国防	guófáng	名	national defense	7—9
30	气象	qìxiàng	名	meteorology	5
31	通讯	tōngxùn	名	communication	6
32	观测	guāncè	动	observe (and measure); survey	7—9
33	通信	tōnxìn	名	communication	3
34	空间站	kōngjiānzhàn	名	space station	超
35	青蒿素	qīnghāosù	名	artemisinin	超
36	疟疾	nüèji	名	malaria	超
37	疾病	jíbìng	名	disease	6

	词汇	拼音	词性	英译	等级
38	传染病	chuánrǎnbìng	名	contagious disease	7—9
39	凸显	tūxiǎn	动	make apparent	7—9
40	筛选	shāixuǎn	动	select	7—9
41	中药	zhōngyào	名	traditional Chinese medicine	5
42	临床	línchuáng	形	clinical	7—9
43	改良	gǎiliáng	动	improve	7—9
44	抑制	yìzhì	动	(physiology) inhibit	7—9
45	炎症	yánzhèng	名	inflammation	7—9
46	肿瘤	zhǒngliú	名	tumour	7—9
47	途径	tújìng	名	way	6
48	疗效	liáoxiào	名	therapeutic effect	7—9
49	杂交	zájiāo	动	(biology) hybridize	7—9
50	水稻	shuǐdào	名	rice	7—9
51	粮食	liángshi	名	grain	4
52	种植	zhòngzhí	动	plant	4
53	缺口	quēkǒu	名	shortfall	7—9
54	增产	zēngchǎn		increase	5
55	传输	chuánshū	动	transmit	6
56	轨道	guǐdào	名	orbit	6
57	计算机	jìsuànjī	名	computer	2
58	核心	héxīn	名	core	6
59	电磁波	diàncíbō	名	electromagnetic wave	超
60	操控	cāokòng	动	control	7—9
61	远程	yuǎnchéng	形	long distance; (computer) remote	7—9
62	专利	zhuānlì	名	patent	5
63	沉浸	chénjìn	动	immersed	7—9
64	导航	dǎoháng	名	navigation	7—9
65	部署	bùshǔ	名	deployment	7—9
66	定位	dìngwèi	名	position fixing	6
67	人工智能	réngōng-zhìnéng	名	artificial intelligence (AI)	7—9
68	集成	jíchéng	名	integration	超
69	运营	yùnyíng	名	operation	7—9
70	铺路	pūlù	动	pave a road	7—9
71	时速	shísù	名	speed per hour	7—9
72	口径	kǒujìng	名	bore; caliber	7—9
73	望远镜	wàngyuǎnjìng	名	telescope	7—9
74	起源	qǐyuán	名	origin	7—9
75	尺度	chǐdù	名	scale	7—9
76	银河系	yínhéxì	名	Milky Way	超
77	难以置信	nányǐ-zhìxìn		hard to believe	7—9

（二）重要语法

1. "有"字句【五38】

表示存在、具有。常见结构：主语+有+着+宾语。

(1) 两个国家之间有着长期的友好关系。

(2) 他们之间有着很深的误会。

(3) 两弹一星计划的成功实施对增强中国的国防实力、提升中国的国际地位和影响力有着重大的意义。

2. 据【六19】

放在句首，用于引出凭借、依据。

(1) 据专家介绍，这个信息不准确。

(2) 据说，他还没决定放弃。

(3) 据统计，目前中国杂交水稻的种植面积已经超过了90%，产量占全国水稻总产量的70%以上。

3. 为了……而……【六37】

"为了……而……"是一个固定格式，表示原因或目的。"为了"后面可以是动词性成分，也可以是名词性成分。

(1) 为了这么一件小事而生气，不值得。

(2) 这是为了研讨环境问题而召开的会议。

(3) 中国人再也不用为了吃不饱而发愁。

（三）学习视频V75—V84

看视频V75—V84，完成下列练习题。

（一）判断正误

1. 中国古代的四大发明是造纸术、雕版印刷术、火药和指南针。 （　　　　）
2. 《夏小正》是记载古代中国的天文历法知识和先秦中原农业发展水平的农事历书。 （　　　　）
3. 中国自行设计制造的探空火箭在上海市首次发射成功，是中国航天事业的开端。 （　　　　）
4. 青蒿素是从青蒿的根中成功提取的具备抗疟特性的物质。 （　　　　）
5. "中国天眼"（FAST）是世界上最大的射电望远镜。 （　　　　）

（二）单项选择

1. 以下哪一项不是中国高铁的世界之最？（　　　　）
   A. 集成能力最强　　　　　　　　B. 研发时间最早
   C. 运营速度最高　　　　　　　　D. 在建规模最大

2. 中国第一位获诺贝尔科学奖项的本土科学家是？（　　　　）
   A. 杨振宁　　　　B. 屠呦呦　　　　C. 袁隆平　　　　D. 钱学森

3. 以下哪个是中国研制的超级计算机？（　　　　）
   A. 神威·太湖之光　　　　　　　B. 顶点
   C. 代恩特峰　　　　　　　　　　D. 富岳

4. 视频中没有提到以下哪项5G技术的应用？（　　　　）
   A. 操控智能家居　　　　　　　　B. 生态保护
   C. 自动驾驶　　　　　　　　　　D. 远程外科手术

5. 以下哪项不是活字印刷术的优点？（　　　）

　A. 方块胶泥可以反复使用，节约印刷成本

　B. 使书籍的印刷变得更高效

　C. 节约造纸成本

　D. 促进书籍的传播和教育的推广

四　回答问题

1. 请简要介绍中国古代的四大发明。

2. 请谈谈你所知道的中国科学家的故事。

3. 请简述5G通信技术给我们的生活带来了哪些便利。

4. 请简述北斗卫星导航系统与通讯技术结合可以提供哪些服务。

5. 请简述中国超级计算机的发展情况。

五 拓展学习

（一）阅读材料，回答问题

众人同心，其利断金。新中国成立70年来，在"世界形势""国家制度"和"科技自身规律"三种逻辑相互作用下，集中力量办大事成为我国国家治理的巨大优势，成为我国攻坚克难、实现跨越式发展的法宝。我国从国家层面组织协调各领域科技发展，围绕产业链布局创新链，实现"科技强—产业强—经济强—国家强"，探索出一条有中国特色的科技发展模式和组织制度。

习近平总书记指出，我们最大的优势是我国社会主义制度能够集中力量办大事。这是我们成就事业的重要法宝。过去我们取得重大科技突破依靠这一法宝，今天我们推进科技创新跨越也要依靠这一法宝，形成社会主义市场经济条件下集中力量办大事的新机制。

70年来，从发现青蒿素抗疟、人工合成牛胰岛素到自主创新药物成果频出，从"两弹一星"到"嫦娥"探月，从三峡工程到青藏铁路，从工业化骨架全面搭建到高铁大动脉不断延伸，无不体现了集中力量办大事的制度优势。

......

集中力量办大事不仅在新中国成立之初，国家科技基础薄弱、资源严重短缺的情况下具有重大意义，在我国发展的新阶段同样重要。集中力量办大事能实现全局与局部、近期与远期发展的统筹兼顾，形成合力，将资源有效整合到战略性先导产业、前沿科技、重大基础设施等领域，破解关系国计民生的难题，引领全局快速发展。例如，我国实施国家科技重大专项，通过核心技术突破和资源集成，在一定时限内完成重大战略产品、关键共性技术和重大工程，促进关键领域的科技发展。随着专项的落实，许多关键核心技术实现突破，我国迅速涌现出了一批接近甚至超过世界水平的重大科技成果。

节选自《集中力量办大事 实现跨越发展》
发表于《科技日报》2019年9月24日

1. 请查阅工具书或与同学讨论，谈一谈你怎么理解下面的词句。

    （1）众人同心，其利断金。   （2）攻坚克难   （3）跨越式发展

    （4）法宝   （5）产业链   （6）创新链

2. 小组讨论，回答下列问题。

    （1）新中国成立以来，中国哪些重大科技成果是"集中力量办大事"成就的？

    （2）查阅资料并结合本文内容，谈谈"'世界形势''国家制度'和'科技自身规律'三种逻辑"分别是什么？

    （3）"我们最大的优势是我国社会主义制度能够集中力量办大事"，谈谈对这句话的理解。

（二）查一查，说一说

    1969年，国家任命39岁的屠呦呦担任中医研究院中药抗疟研究所所长，负责研制治疗疟疾的新药。屠呦呦收集整理了历代中医药典籍，寻访中医名家，从医典和民间验方中寻找智慧。后来，研究人员从东晋葛洪《肘后备急方》对青蒿的记载中得到了启发。经过多次失败，屠呦呦的团队终于在1971年从青蒿中提取出了治疗疟疾的药物——青蒿乙醚中性提取物。1972年，屠呦呦团队开展了临床研究，取得了显效。同年11月，成功分离出青蒿素。1986年，青蒿素获得由原卫生部颁发的第一张一类新药证书。1992年再获得双氢青蒿素新药证书，该药临床药效高于青蒿素10倍。

    2015年10月，屠呦呦与另外两位科学家获2015年度诺贝尔生理学或医学奖。屠呦呦在颁奖典礼上做了题为《青蒿素——中医药给世界的一份礼物》的演讲，她说："中国医药学是一个伟大宝库，应当努力发掘，加以提高。"

    请查阅相关资料，回答下列问题。

    1. 详细讲一讲发现青蒿素的故事。

    2. 你怎么理解"中国医药学是一个伟大宝库"这句话的含义？

    3. 谈一谈中医药产业在全世界得到了怎样的发展。

（三）看图说话

请与同学讨论下列图片代表了中国科技发展的哪些成就？选择一幅图片介绍该领域的最新发展现状。

六 研究与实践

请选择下列任务中的一个，尝试撰写一篇研究报告，或者拍摄一个5—8分钟的小视频。

1. 中国古代有很多重要的科技发明或创造，举一个熟悉的例子与大家分享。
2. 谈一谈你最关心的一项当代中国科技发展成果。
3. 对比中国和其他国家的情况，谈一谈中国科技发展的特点。
4. 近年来中国逐步向全球开放多项专利技术、共享数据，这将对人类科技文明进步带来什么样的影响？
5. 尝试向你的同胞介绍中国科技发展的情况。

一　本章回答的问题　💻

- **问题85：中国的教育取得了哪些成就？**

  视频 85 将回答这个问题。视频 85 介绍了中国从古至今的教育和考试制度，以及当今中国在教育上取得的成就。视频时长约 5 分钟。

- **问题 86：中国建立了怎样的医疗体系？**

  视频 86 将回答这个问题。视频 86 带我们了解中国医疗事业的起源、发展和保障制度的建设。视频时长约 5 分钟。

- **问题 87：中国劳动者的就业情况经历了哪些变化？**

  视频 87 将回答这个问题。视频 87 介绍了中国就业和产业结构的情况，以及中国政府刺激就业市场活力的举措。视频时长约 4 分钟。

- **问题 88：中国为促进收入分配公平，采取了哪些措施？**

  视频 88 将回答这个问题。视频 88 简述了中国国民收入的发展情况及中国政府所采取的积极措施。视频时长约 5 分钟。

第十一章
民生事业

- **问题 89：中国人的住房条件发生了哪些改变？**

  视频 89 将回答这个问题。视频 89 介绍了中国人居住条件改善的过程。视频时长约 3 分钟。

- **问题 90：中国交通基础设施建设有哪些亮点？**

  视频 90 将回答这个问题。视频 90 介绍了中国交通基础设施建设的情况及亮点。视频时长约 4 分钟。

- **问题 91：中国时下最流行的休闲方式是什么？**

  视频 91 将回答这个问题。视频 91 展示了中国时下流行的休闲娱乐方式。视频时长约 3 分钟。

- **问题 92：中国的社会保险主要保障哪些方面？**

  视频 92 将回答这个问题。视频 92 介绍了中国的社会保障制度。视频时长约 3 分钟。

二 在线学习

这一部分，我们将学习视频 V85—V92。在学习视频前，请预习视频中的重点词汇和重要语法。

（一）重点词汇

	词汇	拼音	词性	英译	等级
1	措施	cuòshī	名	measure	4
2	改善	gǎishàn	动	improve	4
3	奋斗	fèndòu	动	strive	4
4	医疗	yīliáo	动	give medical treatment (to)	4
5	休闲	xiūxián	名	leisure	5
6	人文	rénwén	名	human culture	7—9
7	选拔	xuǎnbá	动	select	6
8	官僚	guānliáo	名	bureaucracy	7—9
9	儒家	rújiā	名	Confucianism	7—9
10	八股文	bāgǔwén	名	eight-part essay	超
11	局限	júxiàn	动	limit	7—9
12	底层	dǐcéng	名	(of society or an organization) bottom; lowest rung	7—9
13	机制	jīzhì	名	mechanism	5
14	义务	yìwù	名	compulsory	4
15	享受	xiǎngshòu	动	enjoy	5
16	权利	quánlì	名	right	4
17	录取	lùqǔ	动	admit	4
18	高考	gāokǎo	名	college/university entrance examination	6
19	本科	běnkē	名	regular college course; four-year programme	4
20	研究生	yánjiūshēng	名	postgraduate	4
21	学历	xuélì	名	degree education	7—9
22	巩固	gǒnggù	名	consolidation	6
23	中医	zhōngyī	名	traditional Chinese medicine science	2
24	有机	yǒujī	形	organic	7—9
25	辨证	biànzhèng	动	identify symptoms	超
26	针灸	zhēnjiǔ	名	acupuncture	7—9
27	诊断	zhěnduàn	动	diagnose	5
28	纲要	gāngyào	名	outline	7—9
29	设施	shèshī	名	facilities	4
30	基层	jīcéng	名	grass roots	7—9
31	保险	bǎoxiǎn	名	insurance	3
32	城乡	chéngxiāng	名	urban and rural areas	6
33	居民	jūmín	名	resident	4
34	缴费	jiǎofèi	动	pay (money)	7—9

	词汇	拼音	词性	英译	等级
35	补助	bǔzhù	名	subsidy	6
36	给予	jǐyǔ	动	render	6
37	人均	rénjūn	动	per capita	7—9
38	寿命	shòumìng	名	life	7—9
39	优先	yōuxiān	动	have priority	5
40	失业率	shīyèlǜ	名	unemployment rate	7—9
41	涌现	yǒngxiàn	动	emerge in large numbers	7—9
42	廉价	liánjià	形	cheap; low-priced	7—9
43	矛盾	máodùn	名	contradiction	5
44	驱动	qūdòng	动	drive	7—9
45	举措	jǔcuò	名	measure	7—9
46	依据	yījù	名	basis	5
47	潜力	qiánlì	名	potential	6
48	庞大	pángdà	形	huge	7—9
49	扣除	kòuchú	动	deduct	7—9
50	因素	yīnsù	名	factor	6
51	福利	fúlì	名	welfare	5
52	标志	biāozhì	动	indicate	4
53	房地产	fángdìchǎn	名	real estate	7—9
54	房价	fángjià	名	housing price	6
55	拆除	chāichú	动	demolish	5
56	管道	guǎndào	名	pipeline	6
57	印证	yìnzhèng	动	verify	7—9
58	高速公路	gāosù gōnglù		freeway	3
59	客流	kèliú	名	passenger flow	7—9
60	补贴	bǔtiē	名	subsidy	5
61	引领	yǐnlǐng	动	lead	7—9
62	健身	jiànshēn	动	build up; strengthen one's body	4
63	锻炼	duànliàn	动	have physical training	4
64	徒步	túbù	副	be on foot	7—9
65	太极拳	tàijíquán	名	tai chi	7—9
66	伤残	shāngcán	名	(of a person) be disabled	7—9
67	灾害	zāihài	名	disaster	5
68	津贴	jīntiē	名	allowance	7—9
69	权益	quányì	名	rights	7—9
70	名副其实	míngfùqíshí		live up to one's reputation	7—9
71	与日俱增	yǔrì-jùzēng		grow with each passing day	7—9

（二）重要语法

1. 一旦……就……【五46】

"一旦"用于提出一个假设的情况，"就"后面表示紧接着会发生的事情或结果。

(1) 对于参加社会保险的劳动者来说，一旦发生需求，他们就可以享受到相应的社会保险待遇，比如养老金、医疗费用报销、生育津贴等等。

(2) 中文一旦学起来，就再也放不下了。

(3) 一旦铁路建成，堵车的情况就可大大减缓。

2. 该【七—九003】

指示代词，用于书面语，用来指上文提到的内容。

(1) 该地区交通便利。

(2) 该企业研发能力很强。

(3) 2018年10月，世界卫生组织首次将中医纳入其具有全球影响力的医学纲要，该纲要于2022年在世卫组织成员国实施。

3. ……化【六02】

加在名词或形容词后构成动词，表示转变成某种性质或状态。

(1) 森林可以美化环境，净化空气。

(2) 公共图书馆可以提供多样化服务。

(3) 城市化进程正在快速推进。

（三）学习视频V85—V92

看视频V85—V92，完成下列练习题。

（一）判断正误

1. 中国义务教育的普及程度已经达到了世界高收入国家的平均水平。　　　　　　　　　　　　　　　（　　　）

2. 中国已经建立了覆盖城乡全体居民的基本医疗保障制度。（　　　）

3. 居民消费结构优化升级，吃饭、穿衣等基本生活消费日益提升。（　　　）

4. 城市、农村里的"危房"问题都由居民自己解决。（　　　）

5. 当代中国，全民健身已上升为国家战略，成为建设"健康中国"的重要一环。　　　　　　　　　　　（　　　）

（二）单项选择

1. 中国第一条地铁线路在哪座城市建成？（　　　）
　　A. 上海　　　　　　B. 北京　　　　　　C. 深圳　　　　　　D. 广州

2. 以下哪种方式不是中医的诊断手段？（　　　）
　　A. 望　　　　　　　B. 闻　　　　　　　C. 察　　　　　　　D. 切

3. 中国古代教育出现最早的是？（　　　）
　　A. 官学　　　　　　B. 书院　　　　　　C. 私塾　　　　　　D. 国子监

4. 以下哪个说法不正确？（　　　）
　　A. 随着生活条件的改善，中国人的休闲娱乐方式越来越多样化。
　　B. 徒步、慢跑、游泳、太极拳、瑜伽、广场舞等都是时下流行的运动方式。
　　C. 中国公共图书馆、博物馆、文化馆数量不多。
　　D. 国家有关部门鼓励在城市郊野、农村地区建设更多露营基地。

5. 中国社会保险中哪个部分的缴费比例由国家决定？（　　　）
　　A. 养老保险　　　B. 医疗保险　　　C. 工伤保险　　　D. 生育保险

四 回答问题

1. 请解释"私塾"和"科举考试"分别是
   什么意思？中国古代教育对现代教育有
   哪些影响？
2. 请简单介绍中国医疗保障制度是如何做
   到覆盖全体城乡居民的？

3. 中国的高校毕业生面临哪些就业问题？政府和高校采取了哪些措施促进毕业生
   就业？
4. 为了让老百姓从"有房住"到"住得好"，中国政府做了哪些实事？
5. 中国的社会保险如何筹集资金？

（一）阅读材料，回答问题

——农村贫困人口全部脱贫，为实现全面建成小康社会目标任务作出了关键性贡献。党的十八大以来，平均每年1000多万人脱贫，相当于一个中等国家的人口脱贫。贫困人口收入水平显著提高，全部实现"两不愁三保障"，脱贫群众不愁吃、不愁穿，义务教育、基本医疗、住房安全有保障，饮水安全也都有了保障。2000多万贫困患者得到分类救治，曾经被病魔困扰的家庭挺起了生活的脊梁。近2000万贫困群众享受低保和特困救助供养，2400多万困难和重度残疾人拿到了生活和护理补贴。110多万贫困群众当上护林员，守护绿水青山，换来了金山银山。无论是雪域高原、戈壁沙漠，还是悬崖绝壁、大石山区，脱贫攻坚的阳光照耀到了每一个角落，无数人的命运因此而改变，无数人的梦想因此而实现，无数人的幸福因此而成就！

——脱贫地区经济社会发展大踏步赶上来，整体面貌发生历史性巨变。贫困地区发展步伐显著加快，经济实力不断增强，基础设施建设突飞猛进，社会事业长足进步，行路难、吃水难、用电难、通信难、上学难、就医难等问题得到历史性解决。义务教育阶段建档立卡贫困家庭辍学学生实现动态清零。具备条件的乡镇和建制村全部通硬化路、通客车、通邮路。新改建农村公路110万公里，新增铁路里程3.5万公里。贫困地区农网供电可靠率达到99%，大电网覆盖范围内贫困村通动力电比例达到100%，贫困村通光纤和4G比例均超过98%。790万户、2568万贫困群众的危房得到改造，累计建成集中安置区3.5万个、安置住房266万套，960多万人"挪穷窝"，摆脱了闭塞和落后，搬入了新家园。许多乡亲告别溜索桥、天堑变成了通途，告别苦咸水、喝上了清洁水，告别四面漏风的泥草屋、住上了宽敞明亮的砖瓦房。千百万贫困家庭的孩子享受到更公平的教育机会，孩子们告别了天天跋山涉水上学，实现了住学校、吃食堂。28个人口较少民族全部整族脱贫，一些新中国成立后"一步跨千年"进入社会主义社会的"直过民族"，又实现了从贫穷落后到全面小康的第二次历史性跨越。所有深度贫困地区的最后堡垒被全部攻克。脱贫地区处处呈现山乡巨变、山河锦绣的时代画卷！

节选自习近平《在全国脱贫攻坚总结表彰大会上的讲话》
2021年2月25日

1. 请查阅工具书或与同学讨论，谈一谈你怎么理解下面的词语。

（1）党的十八大 　　　（2）小康社会 　　　（3）两不愁三保障

（4）低保 　　　　　　（5）动态清零 　　　（6）挪穷窝

2. 小组讨论，回答下列问题。

（1）请结合材料中的实例，谈谈你对"守护绿水青山，换来了金山银山"的理解。

（2）中国在脱贫工作中，解决了哪些农村贫困人口的民生问题？

（3）你怎样评价中国的脱贫工作？

（二）查一查，说一说

2022年6月16日，历经三年半的艰苦奋战，和田至若羌铁路建成通车，实现了世界首条环沙漠铁路的贯通运行。和若铁路全长约825公里，设计时速120公里，途中共设有22座车站。

和若铁路是沿着世界第二大流动沙漠——塔克拉玛干沙漠修建的。这片沙漠人迹罕至，终年不雨，主要风沙天气长达7个月，工程建设极具挑战。和若铁路坚持工程防沙与植物防沙相结合，建成总长达49.7公里的过沙桥5座，高立式阻沙屏1542公里，大大降低了风沙对线路的侵害威胁；采用智能滴灌养护技术，种植梭梭、红柳等植物1300万株，修建草方格5000万平方米，打造了一道防沙护路的绿色屏障。

更重要的是，该铁路使塔克拉玛干沙漠铁路环线（又称"南疆环线"）形成闭环，此环线全长约2712公里。这意味着以后从南疆地区出去，将会比之前缩短1000多公里。古老丝路上的钢铁新通道为新疆各族人民带来福祉，为富民兴疆注入了新的动力。

请查阅相关资料，回答下列问题。

1. 和若铁路有什么特殊之处？

2. 和若铁路的建成，对沿线地区产生了哪些经济和民生方面的影响？中国有句俗语"要想富，先修路"，结合这篇短文，谈谈你对这句俗语的理解。

3. 结合此前的学习，你认为中国政府在改善民生方面发挥了怎样的作用？

（三）看图说话

请与同学讨论下列图片代表的是中国民生事业的哪方面？查阅资料，讲讲相关的民生故事。

六 研究与实践

　　请选择下列任务中的一个，尝试撰写一篇研究报告，或者拍摄一个5—8分钟的小视频。

1. 中国共产党第二十次全国代表大会报告提出："江山就是人民，人民就是江山"，结合本章所讲的中国民生事业，谈谈你对这句话的理解。
2. 中国古代的教育传统对今天中国人的教育观念、教育事业发展有怎样的影响？
3. 做一个调查，了解中医在中国的医疗体系中发挥的作用。
4. 结合你的经历与体验，谈谈在民生措施方面中国与你们国家存在的异同。
5. 尝试向你的同胞介绍中国的民生事业。

一 本章回答的问题

- **问题 93：中国传统的历法是怎样的？**

  视频 93 将回答这个问题。视频 93 重点介绍了中国的阳历、阴历及二十四节气。视频时长约 5 分钟。

- **问题 94：中国的重要节日有哪些？**

  视频 94 将回答这个问题。视频 94 介绍了中国的重要节日及节日的习俗。视频时长约 5 分钟。

- **问题 95：中国人的饮食有哪些特点？**

  视频 95 将回答这个问题。视频 95 重点介绍了中国的主要菜系与饮食习惯。视频时长约 4 分钟。

- **问题 96：中国人的服饰有哪些特点？**

  视频 96 将回答这个问题。视频 96 简要讲述了中国人的服饰特点，包括传统服饰和现代服饰。视频时长约 3 分钟。

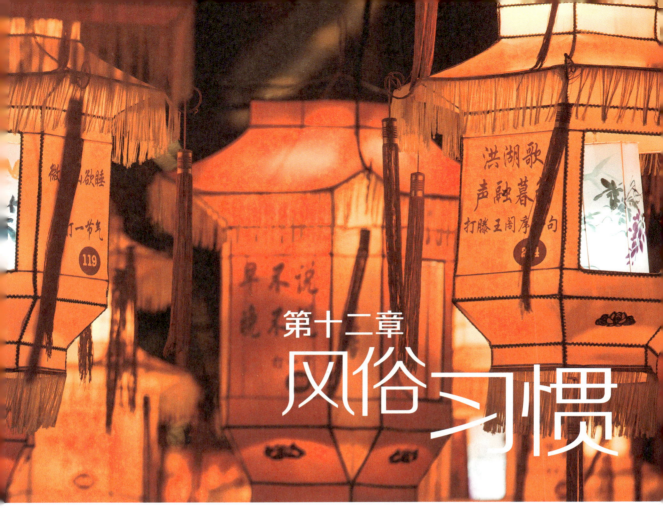

第十二章
风俗习惯

- **问题 97：中国人的名字有什么讲究？**

  视频 97 将回答这个问题。视频 97 简要介绍了中国人取名字时的风俗习惯。视频时长约 2 分钟。

- **问题 98：中国人有哪些重要的礼仪？**

  视频 98 将回答这个问题。视频 98 简要介绍了中国人在称呼、迎送、宴请、谈话、礼尚往来等方面的风俗习惯。视频时长约 4 分钟。

- **问题 99：中国人在婚姻方面有哪些风俗习惯？**

  视频 99 将回答这个问题。视频 99 简要介绍了中国人在结婚典礼以及婚后生活方面的风俗习惯。视频时长约 4 分钟。

- **问题 100：中国人的家庭有什么特点？**

  视频 100 将回答这个问题。视频 100 从家庭任务、家庭结构、家庭观念等方面简要介绍了中国人的家庭特点。视频时长约 3 分钟。

二 在线学习 🖥

　　这一部分，我们将学习视频 V93—V100 。在学习视频前，请预习视频中的重点词汇和重要语法。

（一）重点词汇

	词汇	拼音	词性	英译	等级
1	地域	dìyù	名	region; district	7—9
2	礼仪	lǐyí	名	ceremony; proprieties; etiquette	7—9
3	婚姻	hūnyīn	名	marriage; matrimony	7—9
4	有助于	yǒuzhùyú	动	contribute to; conduce to; be conducive to; subserve	7—9
5	拓宽	tuòkuān	动	widen; broaden; extend	7—9
6	涵盖	hángài	动	contain; cover; embody	7—9
7	产	chǎn	动	produce; yield	7—9
8	围绕	wéirào	动	encircle; go round; revolve around	5
9	周期	zhōuqī	名	period; cycle period; periodical duration	5
10	逢	féng	动	meet; come upon	7—9
11	之	zhī	代	used as the object of a verb to refer back to what has been mentioned previously	7—9
12	时节	shíjié	名	season (marked by certain weather conditions, activities, etc)	6
13	轨迹	guǐjì	名	trajectory	7—9
14	含	hán	动	contain	4
15	插秧	chāyāng	动	transplant rice (seedlings)	超
16	浓厚	nónghòu	形	(of colour, mentality, atmosphere, smell, etc.) deep; pronounced; strong	7—9
17	扫墓	sǎomù	动	pay tribute to a dead person at his tomb	7—9
18	寒食	hánshí	名	cold food	超
19	风筝	fēngzheng	名	kite	7—9
20	投	tóu	动	plunge into; throw oneself into (a river, well, etc. to commit suicide)	4
21	邪	xié	形	evil; wicked; heretical	7—9
22	消	xiāo	动	eliminate; remove; dispel	7—9
23	灾	zāi	名	personal misfortune; adversity; mishap	5
24	菜肴	càiyáo	名	cooked food; dish	超
25	搭配	dāpèi	动	combine proportionally; collocate	6
26	烹饪	pēngrèn	动	cook	超
27	神	shén	名	spirit; mind; energy	5
28	保健	bǎojiàn	动	protect/maintain health	6
29	沏	qī	动	infuse (with boiling water)	7—9
30	流程	liúchéng	名	technological process	7—9
31	功效	gōngxiào	名	efficacy; effectiveness; effect	7—9
32	程序	chéngxù	名	order; procedure; course; sequence; routine process	4

	词汇	拼音	词性	英译	等级
33	旗袍	qípáo	名	qipao; chi-pao; cheongsam; mandarin gown (a traditional close-fitting woman's dress with the skirt slit way up the sides)	7—9
34	崇尚	chóngshàng	动	uphold; advocate; respect; praise highly	7—9
35	吉祥	jíxiáng	形	lucky; auspicious; propitious; fortunate	6
36	本命年	běnmìngnián	名	recurrent year in the twelve-year cycle	超
37	寓意	yùyì	名	implication; allusion; moral; message; implied meaning	7—9
38	接轨	jiēguǐ	动	integrate; bring in line with	7—9
39	掀起	xiānqǐ	动	set off; start (a movement, etc)	7—9
40	复古	fùgǔ	形	retro	超
41	伴随	bànsuí	动	accompany; follow; go with	7—9
42	笔名	bǐmíng	名	pseudonym	超
43	称呼	chēnghu	动	call; name; address	7—9
44	文献	wénxiàn	名	document; literature; literary/historical data	7—9
45	神圣	shénshèng	形	divine; holy; sacred; consecrated	7—9
46	寄托	jìtuō	动	place/pin (hope, etc.) on; find sustenance in; repose	7—9
47	谱	pǔ	名	manual; guide; guidebook	7—9
48	忌讳	jìhuì	动	avoid as taboo; avoid as harmful; abstain from	7—9
49	邦	bāng	名	nation; country	超
50	依次	yīcì	副	in proper order; successively; in turn; one by one	6
51	雅观	yǎguān	形	refined; in good taste	超
52	和缓	héhuǎn	形	mild; gentle	7—9
53	恭敬	gōngjìng	形	respectful	超
54	顶撞	dǐngzhuàng	动	contradict; offend (elders or higher-ranking officers)	超
55	禁忌	jìnjì	名	taboo	7—9
56	谐音	xiéyīn	动	pronounce homophonically	超
57	吊唁	diàoyàn	动	condole	超
58	媒妁	méishuò	名	matchmaker	超
59	聘	pìn	动	invite for service; employ; engage	7—9
60	诚意	chéngyì	名	sincerity; good faith	7—9
61	嫁妆	jiàzhuang	名	dowry; trousseau	7—9
62	预示	yùshì	动	betoken; forebode; indicate; presage; herald	7—9
63	阻碍	zǔ'ài	动	hinder; block; impede; obstruct	5
64	哺乳	bǔrǔ	动	breast-feed	超
65	肩负	jiānfù	动	take on; undertake; shoulder	7—9
66	迁徙	qiānxǐ	动	migrate	超

	词汇	拼音	词性	英译	等级
67	源远流长	yuányuǎn-liúcháng		have a long history	超
68	必不可少	bìbùkěshǎo		essential; indispensable	7—9
69	礼尚往来	lǐshàngwǎnglái		courtesy demands reciprocity	超
70	天伦之乐	tiānlúnzhīlè		happiness of a family union	超
71	落叶归根	luòyè-guīgēn		return to one's roots	超
72	至关重要	zhìguānzhòngyào		be of great importance	7—9

（二）重要语法

1. 之【七—九056】

书面语中的结构助词，基本相当于"的"。

(1) 我们可以将北京描绘为一本梦之书。

(2) 由于做了好事，做出了贡献，因此他得到所爱之人的欣赏。

(3) 在逢闰之年，将12月改大月为30天。

2. 皆【七—九013】

书面语中的范围副词，基本相当于"都"。

(1) 这已是人人皆知的事实。

(2) 这个比赛十六到十九岁的男性青少年皆可报名参加。

(3) 六礼皆以男方为主导。

3. 纵然……，也……【七—九122】

用于让步关系复句。前一小句表达的是真实的或是假设的内容，后一小句表达的是不会因前一小句的内容而改变的结论。

(1) 我们的意见纵然不一致，也应当互相理解。

(2) 这事纵然不好，也是他们之间的事，就让他们自己处理吧。

(3) 纵然远在他乡，故乡也一直在我心中。

（三）学习视频V93—V100

看视频V93—V100，完成下列练习题。

（一）判断正误

1. 中国各地的风俗习惯是一样的。　　　　　　　　　　（　　　）
2. 阴历主要是按月亮围绕地球转动的规律制定的。　　　（　　　）
3. 在中国，晚辈名字的用字常常跟长辈的重复。　　　　（　　　）
4. 为即将出远门或将长时间分别的亲友设酒食送行叫"接风"。（　　　）
5. 中国传统观念有"多子多福""不孝有三，无后为大"等说法。（　　　）

（二）单项选择

1. 二十四节气中，八月的节气除了白露，还有一个是_____。
   A. 处暑　　　　　B. 寒露　　　　　C. 秋分　　　　　D. 霜降

2. 赏月、吃月饼是中国哪一个传统节日的习俗？（　　　）
   A. 春节　　　　　B. 元宵节　　　　C. 清明节　　　　D. 中秋节

3. 中国人婚礼庆典上的主色常常是_____。
   A. 红色　　　　　B. 黑色　　　　　C. 绿色　　　　　D. 白色

4. 在中国，新婚夫妇的床上会被摆好红枣、花生、桂圆、莲子等，寓意"_____"。
   A. 百年好合　　　B. 早生贵子　　　C. 白头偕老　　　D. 天伦之乐

5. 中国人正确使用筷子的方式是_____。
   A. 把筷子长时间含在嘴里
   B. 把筷子竖起来插在饭碗里
   C. 在盘子里翻找自己喜欢的菜
   D. 遇到别人也来夹菜时，要有意避让

四 回答问题

1. 请简要说明中国的历法的特点。
2. 请简要介绍中国有哪些重要节日。
3. 请简要介绍中国人的婚姻习俗。
4. 你有中文名字吗？如果有，请说说它的寓意；如果没有，请试着给自己取一个，并说明理由。

五 拓展学习

（一）阅读材料，回答问题

　　中国人不仅把土地看作是一切生命的母体，也把土地看作是死亡和灵魂的归宿。在中国传统社会，"入土为安"也是一种重要的死亡和丧葬观念。作为生命的归宿，土地可以给中国人带来最终的慰藉。可见，对中国人而言，从生到死，土地对于人生的意义都是至关重要的。选择一方"风水宝地"，不仅能够护佑自己，也可以护佑整个家族。中国人信仰的"风水观念"也与土地密切相关。风水信仰是传统中国人的一种独特观念，其内容涉及人与环境的关系，其主旨则是"地脉说"，即通过勘察土地的位置、地势的高低、朝向、地面和四周的景物等来推测其给生者或死者带来的运气。不论是生前的住宅选址，还是在死后的墓地选择，对于生死之地，中国人都是极其重视的。

　　中国人对土地的崇拜和依恋在汉语和汉字中也有鲜明的体现。"乡土""风土人情""土生土长"等词语都体现了对土地的依恋，"社稷"与"社会"同样体现了对土地的崇拜观念。中国古代常常用"社稷"来代表国家。所谓"社"，即土地神，右边是"土"字，左边"示"表示祭祀。"社"即是对土地之神的祭祀。中国人十分注重"祭社"，自先秦时期，人们便"唯为社事，单出里。唯为社田，国人毕作。唯社，丘乘共粢盛，所以报本反始也。""稷"则是谷神。在中国文化中，土地及其所生的谷物成为"国家"的代表，这当中体现的即是农业民族的土地崇拜观念。

节选自潘祥辉《中华传统文化中的"恋土情结"及其扬弃》
发表于《人民论坛》，2023年01月31日第08版

1. 请查阅工具书或与同学讨论，谈一谈你怎么理解下面的词语。

（1）入土为安　　（2）丧葬　　　　（3）风水宝地　　（4）风水　　（5）地脉

（6）乡土　　　　（7）风土人情　　（8）土生土长　　（9）社稷　　（10）社会

2. 小组讨论，回答下列问题。

（1）从这则材料看，中国人的土地崇拜表现在哪些方面？

（2）请结合本章所学，谈谈中国人的家庭观念与土地崇拜之间的联系。

（3）请结合中国人的宗教观念谈谈中国人的土地崇拜观念。

（二）查一查，说一说

汉服指的是汉族的传统民族服饰。中国古代，不同历史时期的汉服其样式、风格和特点各有不同。近代以来，在现代化、革命化和西方文化的影响下，汉服逐渐退出人们的日常生活。

然而，近年来，随着新时代中国民族文化的发展，中国年轻人的审美观念也得到了重构，他们开始关注传统文化中的优秀元素，共同推动当代"中国风"的形成与发展。汉服背后悠久的历史、雍容典雅的样式、别具一格的穿着体验吸引着越来越多的年轻人。这种文化回归体现了年轻人对传统文化的自信和认同，也体现了年轻一代文化素养和审美追求的提升。

在年轻人的影响下，汉服越来越流行，逐渐成为了全民性的服饰时尚新潮流。人们纷纷大胆地穿上自己喜欢的汉服，行走在校园中、街道上、田野间……

请查阅相关资料，回答下列问题。

1. 你见过穿汉服的中国人吗？你觉得汉服怎么样？

2. 近年来，汉服为什么会流行？做一个小调查，谈谈你的理解。

3. 你的同胞有穿着传统服饰的风俗习惯吗？做一个简单的介绍。

（三）看图说话

请与同学讨论下列图片代表的是中国哪个风俗习惯？查阅资料，讲讲与之有关的民俗文化。

中国百题

请选择下列任务中的一个，尝试撰写一篇研究报告，或者拍摄一个5—8分钟的小视频。

1. 谈一谈你对中国历法、节日与节气的理解。
2. 谈一谈你最喜欢的中国菜系。
3. 举例说明你对中国人的哪些礼仪最感兴趣。
4. 以中国某种风俗习惯为例，对比自己国家的情况。
5. 如果让你向你的同胞介绍中国的风俗习惯，你会怎么介绍？

练习参考答案

第一章
三、在线练习
（一）判断正误
　　√　　×　　×　　×　　√
（二）单项选择
　　C　　B　　D　　B　　B

第二章
三、在线练习
（一）判断正误
　　√　　×　　√　　×　　√
（二）单项选择
　　B　　A　　D　　A　　C

第三章
三、在线练习
（一）判断正误
　　√　　×　　√　　×　　√
（二）单项选择
　　B　　B　　B　　D　　A

第四章
三、在线练习
（一）判断正误
　　√　　×　　×　　×　　×
（二）单项选择
　　C　　C　　B　　A　　D

第五章
三、在线练习
（一）判断正误
　　×　　√　　×　　×　　√
（二）单项选择
　　D　　B　　B　　D　　A

第六章
三、在线练习
（一）判断正误
　　√　　√　　×　　×　　√
（二）单项选择
　　A　　C　　B　　D　　B

第七章
三、在线练习
（一）判断正误
　　×　　×　　√　　√　　√
（二）单项选择
　　B　　B　　B　　D　　B

第八章
三、在线练习
（一）判断正误
　　×　　×　　√　　√　　×
（二）单项选择
　　C　　C　　B　　A　　C
五、拓展学习
（一）阅读材料，回答问题
　　1.爪　2.木　3.水　4.刀　5.衣
　　6.采　7.初　8.刃　9.本　10.江

第九章
三、在线练习
（一）判断正误
　　√　　×　　√　　×　　√
（二）单项选择
　　C　　B　　D　　B　　D

第十章
三、在线练习
（一）判断正误
　　×　　√　　×　　×　　√
（二）单项选择
　　B　　B　　A　　B　　C

第十一章
三、在线练习
（一）判断正误
　　√　　√　　×　　×　　√
（二）单项选择
　　B　　C　　C　　C　　C

第十二章
三、在线练习
（一）判断正误
　　×　　√　　×　　×　　√
（二）单项选择
　　C　　D　　A　　B　　D

问题总表

问题1: 中国人口和民族的特点有哪些?

问题2: 中国在哪儿?

问题3: 中国的行政区划是怎样的?

问题4: 中国的城市与农村有什么不同?

问题5: 中国的地形是怎样的?

问题6: 中国的气候是怎样的?

问题7: 中国有哪些河流与湖泊?

问题8: 中国的近海与岛屿有哪些?

问题9: 中国有哪些名山?

问题10: 中国的可再生资源与矿产资源有哪些?

问题11: 中国有哪些动植物资源?

问题12: 中国采取了哪些环境保护措施?

问题13: 中国先秦时期主要有哪些重大历史事件?

问题14: 秦始皇和汉武帝的主要功绩是什么?

问题15: 三国、两晋、南北朝分别经历了哪些分分合合?

问题16: 唐朝的繁荣主要表现在哪些方面?

问题17: 宋朝是繁荣还是衰弱?

问题18: 元朝有一项什么政治创举?

问题19: 明朝取得了哪些成就?

问题20: 清朝的康乾盛世是什么样的景象?

问题21：近代中国是如何一步步走向半殖民地半封建社会的？

问题22：为什么说只有中国共产党才能救中国、才能发展中国？

问题23：对中国人影响最大的哲学思想是什么？

问题24：儒家的"礼"是指什么？

问题25：儒家的"仁"是指什么？

问题26：儒家的"中庸"是指什么？

问题27：什么是道家？

问题28：道家的"道"是指什么？

问题29：道家的"无为"是指什么？

问题30：什么是墨家？

问题31：什么是法家？

问题32：什么是兵家？

问题33：中国人有哪些民间信仰？

问题34：中国人为什么敬祖？

问题35：中国人眼中的"天"是什么？

问题36：道教在中国的发展是怎样的？

问题37：佛教对中国文化产生了怎样的影响？

问题38：伊斯兰教在中国是怎样发展的？

问题39：基督教在中国是怎样发展的？

问题40：中国的宗教政策有哪些主要内容？

问题41: 中国文学的源头是什么?

问题42: 先秦散文指的是什么?

问题43: 《史记》是历史书还是文学作品?

问题44: 唐诗宋词有着怎样的魅力?

问题45: 什么是四大名著?

问题46: 鲁迅有哪些代表作?

问题47: 莫言的作品有什么特点?

问题48: 中国还有哪些有名的现当代作家?

问题49: 中国书法常用的书体有哪些?

问题50: 中国画主要的特点是什么?

问题51: 中国有多少戏曲种类?

问题52: 中国传统音乐的主要特点是什么?

问题53: 中国传统舞蹈有哪些特点?

问题54: 中国古代建筑有哪些艺术特点?

问题55: 中国工艺美术的形式有哪些?

问题56: 中国陶瓷艺术经历了怎样的发展?

问题57: 汉语是中国境内唯一的语言吗?

问题58: 什么是"汉字文化圈"?

问题59: 汉语就是普通话吗?

问题60: 中国历史上使用时间最长的书面语是什么?

问题61: 汉字为什么有简体字和繁体字的区别?

问题62: 汉字构造的基本原理有哪些?

问题63: 中国有什么样的语言政策?

问题64: 中文在世界上的传播情况是怎样的?

问题65: 中国古代经济的主要支柱是什么?

问题66: 改革开放包含哪些内容?

问题67: 什么是五年规划?

问题68: 什么是中国特色社会主义市场经济?

问题69: 中国的三大产业分别发展得怎么样?

问题70: 什么是经济发展新常态?

问题71: 经济特区和自贸区有哪些作用?

问题72: "一带一路"倡议的特点是什么?

问题73: 脱贫攻坚计划是什么?

问题74: 什么是乡村振兴战略?

问题75: 中国古代的科技成就为世界做出了怎样的贡献?

问题76: 中国近代航空航天事业取得了哪些成就?

问题77: 发现青蒿素的过程是怎样的?

问题78: 中国杂交水稻有哪些优势?

问题79: 中国在量子科学领域取得了哪些成就?

问题80: 中国5G技术最大的亮点是什么?

问题81: 中国的北斗卫星导航系统在生活中有哪些应用?

问题82: 中国高铁系统有哪些世界之最?

问题83: 什么是"中国天眼"?

问题84: "神威·太湖之光"超级计算机的运算速度有多快?

问题85: 中国的教育取得了哪些成就?

问题86: 中国建立了怎样的医疗体系?

问题87: 中国劳动者的就业情况经历了哪些变化?

问题88: 中国为促进收入分配公平,采取了哪些措施?

问题89: 中国人的住房条件发生了哪些改变?

问题90: 中国交通基础设施建设有哪些亮点?

问题91: 中国时下最流行的休闲方式是什么?

问题92: 中国的社会保险主要保障哪些方面?

问题93: 中国传统的历法是怎样的?

问题94: 中国的重要节日有哪些?

问题95: 中国人的饮食有哪些特点?

问题96: 中国人的服饰有哪些特点?

问题97: 中国人的名字有什么讲究?

问题98: 中国人有哪些重要的礼仪?

问题99: 中国人在婚姻方面有哪些风俗习惯?

问题100: 中国人的家庭有什么特点?

词汇总表

	词汇	拼音	词性	英译	等级
1	八股文	bāgǔwén	名	eight-part essay	超
2	百姓	bǎixìng	名	common people	超
3	摆脱	bǎituō	动	cast off; get rid of	4
4	颁布	bānbù	动	formally make public	7—9
5	版图	bǎntú	名	territory	超
6	扮演	bànyǎn	动	play (the part of)	5
7	伴随	bànsuí	动	accompany; follow; go with	7—9
8	伴奏	bànzòu	动	accompany; play an accompaniment (for sb)	7—9
9	邦	bāng	名	nation; country	超
10	包含	bāohán	动	contain	4
11	包容	bāoróng	形	inclusive	7—9
12	宝库	bǎokù	名	treasure-house; treasury	7—9
13	保健	bǎojiàn	动	protect/maintain health	6
14	保险	bǎoxiǎn	名	insurance	3
15	保佑	bǎoyòu	动	bless	7—9
16	保障	bǎozhàng	动	ensure; safeguard	7—9
17	爆发	bàofā	动	break out; erupt	6
18	爆炸	bàozhà	动	explode	6
19	背景	bèijǐng	名	backdrop; background	4
20	辈	bèi	名	generation (in the family)	5
21	本科	běnkē	名	regular college course; four-year programme	4
22	本命年	běnmìngnián	名	recurrent year in the twelve-year cycle	超
23	本土	běntǔ	名	native country/land	6
24	逼真	bīzhēn	形	true to life; lifelike	7—9
25	比重	bǐzhòng	名	proportion; percentage	5
26	笔名	bǐmíng	名	pseudonym	超
27	必不可少	bìbùkěshǎo		essential; indispensable	7—9
28	避免	bìmiǎn	动	avoid; refrain from	4
29	边疆	biānjiāng	名	borderland; frontier (region)	7—9
30	边界	biānjiè	名	territorial boundary; border	7—9
31	边境	biānjìng	名	border (area); frontier	5

	词汇	拼音	词性	英译	等级
32	边缘	biānyuán	名	edge; brink; fringe	6
33	变革	biàngé	动	transform; change	7—9
34	辨认	biànrèn	动	identify; recognize	7—9
35	辨证	biànzhèng	动	identify symptoms	超
36	标志	biāozhì	动	indicate	4
37	表演	biǎoyǎn	名	performance	3
38	濒危	bīnwēi	动	endanger	超
39	冰川	bīngchuān	名	glacier	超
40	冰天雪地	bīngtiān-xuědì		a world of ice and snow	超
41	并存	bìngcún	动	coexist	超
42	波动	bōdòng	动	fluctuate; undulate	6
43	博大精深	bódà-jīngshēn		extensive and profound	超
44	补贴	bǔtiē	名	subsidy	5
45	补助	bǔzhù	名	subsidy	6
46	哺乳	bǔrǔ	动	breast-feed	超
47	不败之地	búbài-zhīdì		an invincible position	超
48	不生不灭	bùshēng-búmiè		neither dying nor being born	超
49	部件	bùjiàn	名	parts; components	7—9
50	部署	bùshǔ	名	deployment	7—9
51	财政	cáizhèng	名	finance	7—9
52	菜肴	càiyáo	名	cooked food; dish	超
53	操控	cāokòng	动	control	7—9
54	测量	cèliáng	动	survey	4
55	层出不穷	céngchū-bùqióng		emerge in an endless stream	7—9
56	插秧	chāyāng	动	transplant rice (seedlings)	超
57	差异	chāyì	名	difference	6
58	拆除	chāichú	动	demolish	5
59	产	chǎn	动	produce; yield	7—9
60	产量	chǎnliàng	名	output	6
61	产业	chǎnyè	名	industry	5
62	常态	chángtài	名	normal conditions	7—9
63	场所	chǎngsuǒ	名	place; site	3
64	畅通	chàngtōng	形	unblocked; unimpeded	6
65	倡导	chàngdǎo	动	advocate; promote	5

	词汇	拼音	词性	英译	等级
66	超越	chāoyuè	动	surpass	5
67	朝拜	cháobài	动	pay one's respects to	超
68	朝代	cháodài	名	dynasty; reign of an emperor	7—9
69	臣	chén	名	subjects of a feudal ruler	超
70	沉浸	chénjìn	动	immersed	7—9
71	称呼	chēnghu	动	call; name; address	7—9
72	成本	chéngběn	名	cost	5
73	诚意	chéngyì	名	sincerity; good faith	7—9
74	承包	chéngbāo	动	undertake a contract	7—9
75	承载	chéngzài	动	bear the weight (of sth)	7—9
76	城乡	chéngxiāng	名	urban and rural areas	6
77	城镇	chéngzhèn	名	cities and towns	6
78	程式	chéngshì	名	form	超
79	程序	chéngxù	名	order; procedure; course; sequence; routine process	4
80	尺度	chǐdù	名	scale	7—9
81	崇拜	chóngbài	动	worship; offer worship (to sb)	6
82	崇尚	chóngshàng	动	uphold; advocate; respect; praise highly	7—9
83	出身	chūshēn	名	one's previous experience or occupation	7—9
84	雏形	chúxíng	名	prototype	超
85	储备	chǔbèi	名	reserve	7—9
86	储量	chǔliàng	名	(mineral) reserves	超
87	传播	chuánbō	动	spread; circulate	3
88	传承	chuánchéng	名	impart and inherit	7—9
89	传染病	chuánrǎnbìng	名	contagious disease	7—9
90	传输	chuánshū	动	transmit	6
91	传统	chuántǒng	形	traditional	4
92	创新	chuàngxīn	动、名	innovate; innovation	3
93	磁场	cíchǎng	名	magnetic field	超
94	磁铁	cítiě	名	magnet	超
95	此后	cǐhòu	名	hereafter; henceforth; henceforward	5
96	刺绣	cìxiù	名	embroidery; needlework	7—9
97	从事	cóngshì	动	undertake; devote oneself to	3
98	促进	cùjìn	动	promote; boost	4
99	存在	cúnzài	动	exist	3

	词汇	拼音	词性	英译	等级
100	措施	cuòshī	名	measure	4
101	错综复杂	cuòzōng-fùzá		intricate; complex	7—9
102	搭配	dāpèi	动	combine proportionally; collocate	6
103	大臣	dàchén	名	chancellor; minister	7—9
104	大致	dàzhì	副	chiefly; generally	5
105	代理	dàilǐ	动	act on behalf	5
106	诞生	dànshēng	动	be born; come into existence	6
107	当代	dāngdài	名	present age; contemporary era	5
108	导弹	dǎodàn	名	(guided) missile	7—9
109	导航	dǎoháng	名	navigation	7—9
110	导向	dǎoxiàng	名	guidance; orientation	7—9
111	岛屿	dǎoyǔ	名	islands; islands and islets	7—9
112	道德	dàodé	名	morality	5
113	得天独厚	détiāndúhòu		be particularly favoured by nature	7—9
114	登记	dēngjì	动	register; check in	4
115	低碳	dītàn	形	low-carbon	7—9
116	抵抗	dǐkàng	动	resist; fight off	6
117	抵御	dǐyù	动	resist	7—9
118	底层	dǐcéng	名	(of society or an organization) bottom; lowest rung	7—9
119	底蕴	dǐyùn	名	heritage; accumulation	7—9
120	地大物博	dìdà-wùbó		a vast territory with rich resources	超
121	地理	dìlǐ	名	geography	7—9
122	地貌	dìmào	名	landform	超
123	地势	dìshì	名	terrain	超
124	地形	dìxíng	名	topography; terrain	5
125	地域	dìyù	名	region; district	7—9
126	帝国	dìguó	名	empire	7—9
127	巅峰	diānfēng	名	summit; peak	7—9
128	典籍	diǎnjí	名	ancient books or records	超
129	电磁波	diàncíbō	名	electromagnetic wave	超
130	奠定	diàndìng	动	establish	7—9
131	奠基	diànjī	动	lay a foundation	超
132	殿堂	diàntáng	名	palace hall; temple hall; large stately building	7—9

	词汇	拼音	词性	英译	等级
133	雕刻	diāokè	名	sculpture; carving	7—9
134	吊唁	diàoyàn	动	condole	超
135	顶撞	dǐngzhuàng	动	contradict; offend (elders or higher-ranking officers)	超
136	定位	dìngwèi	名	position fixing	6
137	斗争	dòuzhēng	动、名	struggle; fight	6
138	独立自主	dúlì-zìzhǔ		be one's own master	7—9
139	独树一帜	dúshù-yízhì		fly one's own colors	超
140	独特	dútè	形	unique; distinctive	4
141	独一无二	dúyī-wú'èr		unique	7—9
142	短缺	duǎnquē	动	be short of	7—9
143	锻炼	duànliàn	动	have physical training	4
144	队伍	duìwu	名	troop	6
145	对称	duìchèn	形	symmetric; symmetrical	7—9
146	对峙	duìzhì	动	confront each other	7—9
147	多变	duōbiàn	形	changeable	超
148	多样	duōyàng	形	diversified; various	4
149	多元	duōyuán	形	multivariate	7—9
150	多姿多彩	duōzī-duōcǎi		colorful	超
151	耳熟能详	ěrshú-néngxiáng		familiar to the ear	7—9
152	发射	fāshè	动	launch	5
153	发源地	fāyuándì	名	place of origin; birthplace	7—9
154	法则	fǎzé	名	rule	超
155	翻天覆地	fāntiān-fùdì		be vehement/wild	7—9
156	繁华	fánhuá	形	prosperous; thriving	7—9
157	繁衍	fányǎn	动	multiply	超
158	反抗	fǎnkàng	动	revolt	6
159	反思	fǎnsī	动	introspect; reflect over the past; search one's heart	7—9
160	方言	fāngyán	名	dialect	7—9
161	房地产	fángdìchǎn	名	real estate	7—9
162	房价	fángjià	名	housing price	6
163	纺织	fǎngzhī	动	spin and weave	7—9
164	飞跃	fēiyuè	动	advance by leaps and bounds	7—9
165	肥沃	féiwò	形	fertile; rich	7—9

	词汇	拼音	词性	英译	等级
166	废除	fèichú	动	abolish; rescind	7—9
167	分割	fēngē	动	break up; cut apart	7—9
168	分化	fēnhuà	动	split up; disintegrate	7—9
169	分界	fēnjiè	名	boundary; dividing line	超
170	分裂	fēnliè	动	split; divide	6
171	分水岭	fēnshuǐlǐng	名	watershed	超
172	焚烧	fénshāo	动	set on fire; burn	7—9
173	奋斗	fèndòu	动	strive	4
174	丰碑	fēngbēi	名	monument	超
175	丰收	fēngshōu	动	have a rich harvest	5
176	风调雨顺	fēngtiáo-yǔshùn		favourable conditions	超
177	风格	fēnggé	名	style; mode	4
178	风貌	fēngmào	名	style and features	7—9
179	风俗	fēngsú	名	custom	4
180	风筝	fēngzheng	名	kite	7—9
181	封建	fēngjiàn	形	feudal	7—9
182	逢	féng	动	meet; come upon	7—9
183	奉行	fèngxíng	动	follow; observe	超
184	服饰	fúshì	名	dress and personal adornment	7—9
185	俘虏	fúlǔ	名	captive; captured personnel	7—9
186	符号	fúhào	名	symbol	4
187	幅度	fúdù	名	range; extent	5
188	幅员	fúyuán	名	territory	超
189	福利	fúlì	名	welfare	5
190	腐败	fǔbài	形	rotten; corrupt	7—9
191	复古	fùgǔ	形	retro	超
192	复苏	fùsū	动	recover of economy	6
193	复兴	fùxīng	动	revive	7—9
194	赋予	fùyǔ	动	entrust; endow	7—9
195	富强	fùqiáng	形	wealthy and prosperous	7—9
196	富有	fùyǒu	动	be rich in; be full of; abound in	6
197	覆盖	fùgài	动	cover	7—9
198	改革	gǎigé	名	reform	5
199	改良	gǎiliáng	动	improve	7—9

	词汇	拼音	词性	英译	等级
200	改善	gǎishàn	动	improve	4
201	概括	gàikuò	动、形	summarize; brief and to the point	4
202	感染力	gǎnrǎnlì	名	appeal; power to influence; punch	7—9
203	干旱	gānhàn	形	(of soil or weather) dry; arid	7—9
204	纲要	gāngyào	名	outline	7—9
205	港口	gǎngkǒu	名	port; harbour	6
206	高考	gāokǎo	名	college/university entrance examination	6
207	高科技	gāokējì	名	high technology	6
208	高明	gāomíng	形	brilliant, wise	7—9
209	高尚	gāoshàng	形	noble; lofty	4
210	高速公路	gāosù gōnglù		freeway	3
211	高效	gāoxiào	形	efficient	7—9
212	割据	gējù	动	set up a separatist regime by force of arms	超
213	割让	gēràng	动	cede	超
214	歌颂	gēsòng	动	laud; eulogize; extol; sing the praise (of)	7—9
215	革命	gémìng	名	revolution	7—9
216	耕地	gēngdì	名	arable/cultivated land	7—9
217	工业	gōngyè	名	industry	3
218	工艺	gōngyì	名	craft; handicraft	5
219	功效	gōngxiào	名	efficacy; effectiveness; effect	7—9
220	攻坚	gōngjiān	动	overcome difficulties	超
221	供奉	gòngfèng	动	make offerings to; offer sacrifices for	7—9
222	供给	gōngjǐ	动	supply	6
223	宫廷	gōngtíng	名	(imperial) palace	7—9
224	恭敬	gōngjìng	形	respectful	超
225	巩固	gǒnggù	名	consolidation	6
226	贡献	gòngxiàn	名	contribution; dedication	6
227	勾勒	gōulè	动	sketch	超
228	沟通	gōutōng	动	link up; connect	5
229	构造	gòuzào	名	structure	4
230	古典	gǔdiǎn	形	classical	6
231	古籍	gǔjí	名	ancient books	超
232	骨架	gǔjià	名	skeleton	超
233	鼓励	gǔlì	动、名	encourage; encouragement	5

	词汇	拼音	词性	英译	等级
234	关税	guānshuì	名	customs duty	7—9
235	观测	guāncè	动	observe (and measure); survey	7—9
236	观察	guānchá	动	observe; examine	3
237	观赏	guānshǎng	动	enjoy the sight (of); (view and) admire	7—9
238	官吏	guānlì	名	government official (old term)	7—9
239	官僚	guānliáo	名	bureaucracy	7—9
240	管道	guǎndào	名	pipeline	6
241	管理	guǎnlǐ	动	manage; administer	3
242	管辖	guǎnxiá	动	have jurisdiction over	7—9
243	惯例	guànlì	名	convention; common practice	7—9
244	灌溉	guàngài	动	irrigate	7—9
245	光伏	guāngfú	形	photovoltaic	超
246	光影	guāngyǐng	名	shadow; chiaroscuro	超
247	广袤	guǎngmào	形	expansive	超
248	广义	guǎngyì	名	broad/large/enlarged sense	7—9
249	规划	guīhuà	名	plan	5
250	规律	guīlǜ	名	regular pattern	4
251	规模	guīmó	名	scale	4
252	轨道	guǐdào	名	orbit	6
253	轨迹	guǐjì	名	trajectory	7—9
254	国策	guócè	名	national policy	超
255	国防	guófáng	名	national defense	7—9
256	国民	guómín	名	nationals	5
257	国情	guóqíng	名	national conditions	7—9
258	国泰民安	guótài-mín'ān		a contented people living in a country at peace	超
259	国土	guótǔ	名	territory; land	7—9
260	国有	guóyǒu	动	be state-owned	7—9
261	国运昌盛	guóyùn-chāngshèng		a nation growing in prosperity	超
262	海岸	hǎi'àn	名	seacoast; coast; seashore	7—9
263	海拔	hǎibá	名	altitude; elevation	7—9
264	海湾	hǎiwān	名	bay; gulf	6
265	海峡	hǎixiá	名	strait; channel	7—9
266	海域	hǎiyù	名	sea area; maritime space	7—9
267	含	hán	动	contain	4

	词汇	拼音	词性	英译	等级
268	涵盖	hángài	动	contain; cover; embody	7—9
269	寒食	hánshí	名	cold food	超
270	航道	hángdào	名	channel; course	超
271	航海	hánghǎi	名	navigation	7—9
272	航天	hángtiān	动	fly or travel in the space	7—9
273	航运	hángyùn	名	shipping	7—9
274	和缓	héhuǎn	形	mild; gentle	7—9
275	和谐	héxié	形	harmonious	6
276	核心	héxīn	名	core	6
277	衡量	héngliáng	动	weigh; measure	6
278	宏观调控	hóngguān tiáokòng		macro-control	超
279	宏伟	hóngwěi	形	magnificent; grand	7—9
280	候鸟	hòuniǎo	名	migratory bird	超
281	弧形	húxíng	名	arc	超
282	互动	hùdòng	动	interact	6
283	户籍	hùjí	名	domicile; household register	超
284	花纹	huāwén	名	decorative pattern; figure	7—9
285	华丽	huálì	形	magnificent; resplendent; gorgeous	7—9
286	化险为夷	huàxiǎnwéiyí		turn danger into safety	7—9
287	环绕	huánrào	动	surround; encircle	7—9
288	幻觉	huànjué	名	hallucination; illusion	7—9
289	荒漠	huāngmò	名	desert; wilderness	超
290	皇帝	huángdì	名	emperor	6
291	皇宫	huánggōng	名	imperial palace; palace	7—9
292	恢复	huīfù	动	recover; regain	5
293	恢弘	huīhóng	形	extensive	超
294	辉煌	huīhuáng	形	splendid; glorious	7—9
295	回避	huíbì	动	avoid	5
296	回归	huíguī	动	return	7—9
297	婚姻	hūnyīn	名	marriage; matrimony	7—9
298	混乱	hùnluàn	形	confused	6
299	活跃	huóyuè	形	brisk; active	6
300	火箭	huǒjiàn	名	rocket	6
301	火炬	huǒjù	名	torch	7—9

	词汇	拼音	词性	英译	等级
302	火药	huǒyào	名	gunpowder	7—9
303	货币	huòbì	名	currency	7—9
304	机构	jīgòu	名	institution	4
305	机制	jīzhì	名	mechanism	5
306	基层	jīcéng	名	grass roots	7—9
307	基金	jījīn	名	fund	5
308	基因	jīyīn	名	gene	7—9
309	畸形	jīxíng	形	lopsided; abnormal; unbalanced	7—9
310	激情	jīqíng	名	fervour; passion; ardour; enthusiasm	6
311	吉祥	jíxiáng	形	lucky; auspicious; propitious; fortunate	6
312	极光	jíguāng	名	aurora	超
313	急迫	jípò	形	urgent; pressing	7—9
314	疾病	jíbìng	名	disease	6
315	集	jí	名	collection; anthology	6
316	集成	jíchéng	名	integration	超
317	集市	jíshì	名	fair	超
318	给予	jǐyǔ	动	render	6
319	计算机	jìsuànjī	名	computer	2
320	记载	jìzǎi	动	record	4
321	纪传体	jìzhuàntǐ	名	history presented in a series of biographies	超
322	纪念	jìniàn	动	commemorate; mark	3
323	技艺	jìyì	名	skill; artistry	7—9
324	忌讳	jìhuì	动	avoid as taboo; avoid as harmful; abstain from	7—9
325	继承	jìchéng	动	inherit	5
326	祭拜	jìbài	动	worship	超
327	祭祀	jìsì	动	offer sacrifices to gods/ancestors	7—9
328	寄托	jìtuō	动	place/pin (hope, etc.) on; find sustenance in; repose	7—9
329	加深	jiāshēn	动	deepen	7—9
330	嫁妆	jiàzhuang	名	dowry; trousseau	7—9
331	奸诈	jiānzhà	形	fraudulent; crafty; treacherous	7—9
332	坚硬	jiānyìng	形	hard; solid	7—9
333	肩负	jiānfù	动	take on; undertake; shoulder	7—9
334	监管	jiānguǎn	动	supervise	7—9

	词汇	拼音	词性	英译	等级
335	兼并	jiānbìng	动	merge	超
336	兼顾	jiāngù	动	take account of two or more things	7—9
337	减缓	jiǎnhuǎn	动	slow down	超
338	减免	jiǎnmiǎn	动	mitigate	7—9
339	简称	jiǎnchēng	名	abbreviation; short form	7—9
340	简化	jiǎnhuà	动	simplify	7—9
341	简洁	jiǎnjié	形	succinct; terse; concise; laconic; pithy	7—9
342	建筑	jiànzhù	名	building	5
343	健身	jiànshēn	动	build up; strengthen one's body	4
344	疆域	jiāngyù	名	territory	超
345	交汇	jiāohuì	动	converge	超
346	焦点	jiāodiǎn	名	focal point; focus	6
347	焦虑	jiāolù	形	anxious; worried; troubled	7—9
348	角色	juésè	名	role; part	4
349	缴费	jiǎofèi	动	pay (money)	7—9
350	阶层	jiēcéng	名	(social) stratum	7—9
351	阶段	jiēduàn	名	phase; period	4
352	阶级	jiējí	名	social class	7—9
353	阶梯	jiētī	名	flight of stairs; ladder	7—9
354	接轨	jiēguǐ	动	integrate; bring in line with	7—9
355	接壤	jiērǎng	动	border	超
356	揭示	jiēshì	动	reveal; bring to light	7—9
357	结构	jiégòu	名	structure; construction	4
358	截	jié	动	cut; sever	7—9
359	截至	jiézhì	动	be no later than	6
360	解剖	jiěpōu	动	dissect	7—9
361	介于	jièyú	动	lie between	7—9
362	借刀杀人	jièdāo-shārén		get others to do one's dirty work	超
363	借鉴	jièjiàn	动	use for reference	6
364	金融	jīnróng	名	finance; banking	6
365	津贴	jīntiē	名	allowance	7—9
366	谨慎	jǐnshèn	形	careful; cautious	7—9
367	进程	jìnchéng	名	course; process	7—9
368	禁忌	jìnjì	名	taboo	7—9
369	禁止	jìnzhǐ	动	prohibit; ban	4

	词汇	拼音	词性	英译	等级
370	经典	jīngdiǎn	名	classics	4
371	经营	jīngyíng	动	plan and manage; operate	3
372	惊人	jīngrén	形	astonishing; amazing	6
373	精品	jīngpǐn	名	fine works (of art)	6
374	精致	jīngzhì	形	exquisite; delicate	7—9
375	景气	jǐngqì	形	booming	超
376	敬畏	jìngwèi	动	be in awe of	超
377	敬意	jìngyì	名	respect; tribute	7—9
378	境界	jìngjiè	名	state	7—9
379	境内	jìngnèi	名	area inside the borders	7—9
380	救赎	jiùshú	动	redeem	超
381	就业	jiùyè	动	find a job	3
382	居民	jūmín	名	resident	4
383	局面	júmiàn	名	situation; complexion	5
384	局限	júxiàn	动	limit	7—9
385	举措	jǔcuò	名	measure	7—9
386	举世闻名	jǔshì-wénmíng		world famous	7—9
387	举世瞩目	jǔshì-zhǔmù		attract worldwide attention	7—9
388	距	jù	动	be apart/away from	7—9
389	聚宝盆	jùbǎopén	名	treasure trove	超
390	崛起	juéqǐ	动	rise to prominence; spring up	7—9
391	军队	jūnduì	名	armed forces; troops	6
392	均衡	jūnhéng	形	balanced; even	7—9
393	君	jūn	名	monarch	超
394	开创	kāichuàng	动	start; initiate	6
395	开辟	kāipì	动	open up	7—9
396	开凿	kāizáo	动	excavate	超
397	克己复礼	kèjǐ-fùlǐ		deny self and return to propriety	超
398	刻	kè	动	carve; engrave	5
399	刻意	kèyì	副	deliberately	7—9
400	客流	kèliú	名	passenger flow	7—9
401	空间站	kōngjiānzhàn	名	space station	超
402	空前	kōngqián	形	unprecedented	7—9
403	口径	kǒujìng	名	bore; caliber	7—9
404	口头	kǒutóu	形	oral; verbal	7—9

	词汇	拼音	词性	英译	等级
405	扣除	kòuchú	动	deduct	7—9
406	苦难	kǔnàn	名	suffering; misery	7—9
407	夸张	kuāzhāng	形	exaggerated	7—9
408	跨越	kuàyuè	动	cross	7—9
409	矿产	kuàngchǎn	名	mineral	超
410	扩张	kuòzhāng	动	expand; spread out	7—9
411	来历	láilì	名	origin; past history	7—9
412	来源	láiyuán	名	source; origin	4
413	滥用	lànyòng	动	misuse; abuse	7—9
414	劳动力	láodònglì	名	labour	7—9
415	老龄化	lǎolínghuà	名	aging	超
416	礼节	lǐjié	名	etiquette	超
417	礼尚往来	lǐshàngwǎnglái		courtesy demands reciprocity	超
418	礼仪	lǐyí	名	ceremony; proprieties; etiquette	7—9
419	里程碑	lǐchéngbēi	名	course (of development)	7—9
420	理念	lǐniàn	名	idea; concept	7—9
421	力度	lìdù	名	strength; force	7—9
422	历程	lìchéng	名	course	7—9
423	历代	lìdài	名	past dynasties	超
424	历法	lìfǎ	名	calendar	超
425	历时	lìshí	动	take (time); last	7—9
426	连笔	liánbǐ	形	joined-up (strokes)	超
427	廉价	liánjià	形	cheap; low-priced	7—9
428	炼丹	liàndān	动	do alchemy	超
429	粮食	liángshi	名	grain	4
430	量子	liàngzǐ	名	quantum	超
431	辽阔	liáokuò	形	vast; extensive; immense	7—9
432	疗效	liáoxiào	名	therapeutic effect	7—9
433	劣根性	lièGēnxìng	名	deep-rooted bad habits	超
434	邻国	línguó	名	neighbouring country	7—9
435	临床	línchuáng	形	clinical	7—9
436	临近	línjìn	动	be close to	7—9
437	临时	línshí	形	temporary	4
438	灵魂	línghún	名	soul (as the essential element or part of sth); core	7—9

	词汇	拼音	词性	英译	等级
439	零售	língshòu	动	retail	7—9
440	领海	lǐnghǎi	名	territorial sea	超
441	领土	lǐngtǔ	名	territory	7—9
442	领悟	lǐngwù	动	comprehend	7—9
443	领袖	lǐngxiù	名	leader	6
444	领域	lǐngyù	名	territory; field	7—9
445	流程	liúchéng	名	technological process	7—9
446	流传	liúchuán	动	spread; hand down	4
447	流连忘返	liúlián-wàngfǎn		linger on with no intent to leave	超
448	流派	liúpài	名	school; sect	超
449	流失	liúshī	动	be washed away; be eroded	7—9
450	流域	liúyù	名	river basin	7—9
451	隆重	lóngzhòng	形	grand; solemn; ceremonious	7—9
452	垄断	lǒngduàn	动	monopoly	7—9
453	鲁莽	lǔmǎng	形	rash; reckless; imprudent	7—9
454	录取	lùqǔ	动	admit	4
455	落叶归根	luòyè-guīgēn		return to one's roots	超
456	履行	lǚxíng	动	carry out; perform; fulfil	7—9
457	矛盾	máodùn	名	contradiction	5
458	贸易	màoyì	名	trade	5
459	媒妁	méishuò	名	matchmaker	超
460	煤炭	méitàn	名	coal	7—9
461	美术	měishù	名	fine arts; arts	3
462	魅力	mèilì	名	charm	7—9
463	密度	mìdù	名	density; thickness	7—9
464	密集	mìjí	形	intensive; concentrate	7—9
465	棉花	miánhuā	名	cotton	7—9
466	描绘	miáohuì	动	depict; describe; portray; draw/give/paint a picture	7—9
467	灭绝	mièjué	动	exterminate; become extinct	7—9
468	灭亡	mièwáng	动	destroy	7—9
469	民歌	míngē	名	folk song	6
470	民间	mínjiān	形	non-governmental; unofficial	3
471	民生	mínshēng	名	the people's livelihood	超
472	民俗	mínsú	名	folk custom; folkways	7—9

	词汇	拼音	词性	英译	等级
473	民主	mínzhǔ	名	democracy	6
474	名副其实	míngfùqíshí		live up to one's reputation	7—9
475	名声	míngshēng	名	reputation	7—9
476	摹仿	mófǎng	动	copy; imitate	超
477	模式	móshì	名	model; pattern; type	5
478	木材	mùcái	名	timber; wood	7—9
479	牧场	mùchǎng	名	grazing land; pastureland	7—9
480	墓地	mùdì	名	cemetery; graveyard	7—9
481	难以置信	nányǐ-zhìxìn		hard to believe	7—9
482	内涵	nèihán	名	intention; connotation	7—9
483	内陆	nèilù	名	inland; interior	超
484	能源	néngyuán	名	energy	7—9
485	凝聚	níngjù	动	distill; crystallize	7—9
486	农业	nóngyè	名	agriculture	3
487	农作物	nóngzuòwù	名	crops	7—9
488	浓厚	nónghòu	形	(of colour, mentality, atmosphere, smell, etc.) deep; pronounced; strong	7—9
489	浓郁	nóngyù	形	(of colour, mentality, atmosphere, smell, etc) deep; pronounced; strong	7—9
490	奴隶	núlì	名	slave	7—9
491	疟疾	nüèji	名	malaria	超
492	排放	páifàng	动	drain off; release; give off; emit	7—9
493	派别	pàibié	名	school; faction	7—9
494	攀升	pānshēng	名	increase	7—9
495	庞大	pángdà	形	huge	7—9
496	抛弃	pāoqì	动	abandon	7—9
497	配置	pèizhì	名	allocation	6
498	盆地	péndì	名	basin	超
499	烹饪	pēngrèn	动	cook	超
500	碰撞	pèngzhuàng	动	collide; crash into	7—9
501	批发	pīfā	动	wholesale	7—9
502	批判	pīpàn	动	criticize; castigate; censure	7—9
503	篇幅	piānfú	名	length (of a piece of writing)	7—9
504	贫困	pínkùn	形	impoverished; needy; destitute	6
505	品德	pǐndé	名	character	7—9

	词汇	拼音	词性	英译	等级
506	聘	pìn	动	invite for service; employ; engage	7—9
507	平衡	pínghéng	名	balanced; not lopsided; even	6
508	平民	píngmín	名	common people; civilian	7—9
509	凭借	píngjiè	动	rely on	7—9
510	屏障	píngzhàng	名	barrier	超
511	谱	pǔ	名	manual; guide; guidebook	7—9
512	铺路	pūlù	动	pave a road	7—9
513	沏	qī	动	infuse (with boiling water)	7—9
514	栖息	qīxī	动	inhabit; perch	超
515	奇迹	qíjì	名	miracle; wonder	7—9
516	奇特	qítè	形	peculiar; singular; queer; unusual	7—9
517	歧视	qíshì	动	discriminate (against)	7—9
518	祈祷	qídǎo	动	pray; offer a prayer	7—9
519	祈福	qífú	动	pray for blessings	超
520	旗袍	qípáo	名	qipao; chi-pao; cheongsam; mandarin gown (a traditional close-fitting woman's dress with the skirt slit way up the sides)	7—9
521	企图	qǐtú	名	attempt; intention	6
522	起伏	qǐfú	动	rise and fall; fluctuate	7—9
523	起源	qǐyuán	名	origin	7—9
524	气魄	qìpò	名	imposing manner; dignified air; momentum	7—9
525	气象	qìxiàng	名	meteorology	5
526	迁	qiān	动	move; change	7—9
527	迁徙	qiānxǐ	动	migrate	超
528	迁移	qiānyí	动	migrate; make a move	7—9
529	签署	qiānshǔ	动	sign (a contract or agreement)	7—9
530	潜力	qiánlì	名	potential	6
531	腔调	qiāngdiào	名	accent; tone	超
532	强求	qiángqiú	动	importune	超
533	桥梁	qiáoliáng	名	bridge	6
534	巧妙	qiǎomiào	形	clever; ingenious; skilful	6
535	侵犯	qīnfàn	动	encroach on	超
536	侵略	qīnlüè	动	invade	7—9
537	侵蚀	qīnshí	动	erode	超
538	青蒿素	qīnghāosù	名	artemisinin	超

	词汇	拼音	词性	英译	等级
539	青睐	qīnglài	动	favour	超
540	氢弹	qīngdàn	名	hydrogen bomb	超
541	清晰	qīngxī	形	distinct; clear; explicit	7—9
542	丘陵	qiūlíng	名	hills	7—9
543	曲	qǔ	名	qu (a type of verse for singing, which emerged in the Southern Song and Jin dynasties and became popular in the Yuan Dynasty)	7—9
544	驱动	qūdòng	动	drive	7—9
545	屈辱	qūrǔ	名	humiliation; disgrace	超
546	趋势	qūshì	名	tendency	4
547	取代	qǔdài	动	replace	7—9
548	权力	quánlì	名	power	6
549	权利	quánlì	名	right	4
550	权威	quánwēi	名	authority	7—9
551	权益	quányì	名	rights	7—9
552	缺口	quēkǒu	名	shortfall	7—9
553	确立	quèlì	动	establish; set up	5
554	人格	réngé	名	personality	7—9
555	人工智能	réngōng-zhìnéng	名	artificial intelligence (AI)	7—9
556	人均	rénjūn	动	per capita	7—9
557	人力	rénlì	名	manpower	5
558	人为	rénwéi	形	artificial	7—9
559	人文	rénwén	名	human culture	7—9
560	人性	rénxìng	名	human nature	7—9
561	人造卫星	rénzào wèixīng		artificial satellite	超
562	认定	rèndìng	动	believe	5
563	认知	rènzhī	名	cognition	7—9
564	日常	rìcháng	形	day-to-day; daily	3
565	日益	rìyì	副	increasingly; with each passing day	7—9
566	容量	róngliàng	名	capacity	7—9
567	融合	rónghé	动	mix together; blend	6
568	融化	rónghuà	动	melt	7—9
569	融会贯通	rónghuì-guàntōng		achieve mastery through a comprehensive study of the subject	超
570	柔弱	róuruò	形	weak	超

	词汇	拼音	词性	英译	等级
571	儒家	rújiā	名	Confucianism	7—9
572	入侵	rùqīn	动	intrude; invade	7—9
573	扫墓	sǎomù	动	pay tribute to a dead person at his tomb	7—9
574	筛选	shāixuǎn	动	select	7—9
575	山川	shānchuān	名	land; landscape	7—9
576	山峰	shānfēng	名	(mountain) peak	6
577	山脉	shānmài	名	mountain range	超
578	伤残	shāngcán	名	(of a person) be disabled	7—9
579	商机	shāngjī	名	business opportunity	超
580	设施	shèshī	名	facilities	4
581	社会主义	shèhuì zhǔyì	名	socialism	7—9
582	社稷	shèjì	名	the gods of earth and grain; the country	超
583	社区	shèqū	名	community	5
584	身躯	shēnqū	名	body; stature	7—9
585	深沉	shēnchén	形	deep	超
586	深远	shēnyuǎn	形	far-reaching	7—9
587	神	shén	名	spirit; mind; energy	5
588	神灵	shénlíng	名	gods; deities	超
589	神圣	shénshèng	形	divine; holy; sacred; consecrated	7—9
590	神仙	shénxiān	名	supernatural being; immortal	7—9
591	审美	shěnměi	动	appreciate the beautiful	7—9
592	慎重	shènzhòng	形	careful	7—9
593	生产力	shēngchǎnlì	名	productivity	超
594	生态	shēngtài	名	ecology	7—9
595	生物	shēngwù	名	organism; living thing/being	7—9
596	生育	shēngyù	动	give birth to; bear; produce	7—9
597	省会	shěnghuì	名	provincial capital	超
598	盛会	shènghuì	名	distinguished gathering	7—9
599	盛世	shèngshì	名	flourishing age	超
600	盛行	shèngxíng	动	be current/prevalent; flourish	6
601	失业率	shīyèlù	名	unemployment rate	7—9
602	诗	shī	名	poetry; poem; verse	4
603	湿润	shīrùn	形	moist; damp; humid	7—9
604	时节	shíjié	名	season (marked by certain weather conditions, activities, etc.)	6

	词汇	拼音	词性	英译	等级
605	时空	shíkōng	名	space and time	7—9
606	时期	shíqī	名	period; phase	6
607	时区	shíqū	名	time zone	超
608	时速	shísù	名	speed per hour	7—9
609	实践	shíjiàn	名	practice	6
610	史诗	shǐshī	名	epic	超
611	使者	shǐzhě	名	emissary; envoy; messenger	7—9
612	世间	shìjiān	名	world	超
613	世袭	shìxí	动	inherit from generation to generation	7—9
614	事迹	shìjì	名	deed; achievement	7—9
615	收复	shōufù	动	recover	7—9
616	收购	shōugòu	动	purchase	5
617	手段	shǒuduàn	名	means; method	5
618	寿命	shòumìng	名	life	7—9
619	抒发	shūfā	动	express; give expression to	超
620	疏松	shūsōng	形	loose	超
621	树梢	shùshāo	名	tip of a tree	7—9
622	衰败	shuāibài	动	decline	超
623	衰落	shuāiluò	动	be on the wane; go downhill	超
624	双重	shuāngchóng	形	double; dual	7—9
625	水稻	shuǐdào	名	rice	7—9
626	水库	shuǐkù	名	reservoir	5
627	水利	shuǐlì	名	water conservancy/control	7—9
628	税收	shuìshōu	名	tax revenue	7—9
629	顺理成章	shùnlǐ-chéngzhāng		logical; only to be expected	7—9
630	顺应	shùnyìng	动	conform to	7—9
631	私营	sīyíng	形	privately operate	7—9
632	私有制	sīyǒuzhì	名	private ownership	超
633	思维	sīwéi	名	thought	5
634	寺庙	sìmiào	名	temple; monastery	7—9
635	素质	sùzhì	名	quality	6
636	塑造	sùzào	动	portray	7—9
637	随意	suíyì	形	at will; at random	5
638	太极拳	tàijíquán	名	tai chi	7—9

	词汇	拼音	词性	英译	等级
639	贪婪	tānlán	形	greedy	7—9
640	探索	tànsuǒ	动	explore; seek	6
641	探险	tànxiǎn	动	explore; make explorations	7—9
642	滔滔不绝	tāotāo-bùjué		pour out words in a steady flow; speak unceasingly	7—9
643	陶器	táoqì	名	pottery	超
644	特产	tèchǎn	名	speciality; special local product	7—9
645	特定	tèdìng	形	specially designated/appointed	5
646	特权	tèquán	名	special right and privilege	7—9
647	提倡	tíchàng	动	advocate; promote	5
648	提升	tíshēng	动	promote	6
649	题材	tícái	名	subject matter; theme	5
650	体系	tǐxì	名	system; setup	7—9
651	天地	tiāndì	名	world; universe	7—9
652	天伦之乐	tiānlúnzhīlè		happiness of a family union	超
653	天然	tiānrán	形	natural	6
654	天文	tiānwén	名	astronomy	5
655	天下	tiānxià	名	the world	6
656	挑起	tiǎoqǐ	动	provoke	7—9
657	条约	tiáoyuē	名	convention; treaty	7—9
658	贴近	tiējìn	动	keep/press close to; nestle up against	7—9
659	停顿	tíngdùn	动	be at a halt/standstill	7—9
660	通道	tōngdào	名	passageway; channel	6
661	通信	tōnxìn	名	communication	3
662	通讯	tōngxùn	名	communication	6
663	通用	tōngyòng	动	be commonly used	5
664	统一	tǒngyī	动、形	unify; unified	4
665	统治	tǒngzhì	动	rule	7—9
666	投	tóu	动	plunge into; throw oneself into (a river, well, etc. to commit suicide)	4
667	投降	tóuxiáng	动	surrender	7—9
668	投入	tóurù	名	input	4
669	投资	tóuzī	名	investment	4
670	透露	tòulù	动	divulge; reveal	6
671	透视	tòushì	名	fluoroscopy; perspectivity	超

	词汇	拼音	词性	英译	等级
672	凸显	tūxiǎn	动	make apparent	7—9
673	徒步	túbù	副	be on foot	7—9
674	途径	tújìng	名	way	6
675	涂	tú	动	apply	7—9
676	土壤	tǔrǎng	名	soil	7—9
677	土生土长	tǔshēng-tǔzhǎng		be locally born and bred; be born and brought up locally	7—9
678	推崇	tuīchóng	动	esteem	超
679	推翻	tuīfān	动	overdraw	7—9
680	推移	tuīyí	动	(of time) elapse; pass	7—9
681	褪色	tuìsè	动	fade	超
682	脱贫	tuōpín	动	alleviate poverty	超
683	拓宽	tuòkuān	动	widen; broaden; extend	7—9
684	外汇	wàihuì	名	foreign currency	4
685	外交	wàijiāo	名	diplomacy; foreign affairs	3
686	挽救	wǎnjiù	动	save; rescue	7—9
687	万物	wànwù	名	the whole of creation	超
688	往来	wǎnglái	动	have social interactions	6
689	望远镜	wàngyuǎnjìng	名	telescope	7—9
690	威胁	wēixié	动	threaten; menace; imperil	6
691	围绕	wéirào	动	encircle; go round; revolve around	5
692	维护	wéihù	动	maintain	4
693	纬度	wěidù	名	(geography) latitude	7—9
694	温饱	wēnbǎo	名	food and clothing	超
695	文盲	wénmáng	名	illiterate person	7—9
696	文体	wéntǐ	名	genre	超
697	文献	wénxiàn	名	document; literature; literary/historical data	7—9
698	文学家	wénxuéjiā	名	writer	超
699	稳固	wěngù	形	steady; stable	7—9
700	无以复加	wúyǐ-fùjiā		incapable of further increase	超
701	武力	wǔlì	名	force	7—9
702	物流	wùliú	名	interflow of goods	7—9
703	物种	wùzhǒng	名	species	超
704	吸取	xīqǔ	动	absorb; draw (a lesson)	7—9

	词汇	拼音	词性	英译	等级
705	息息相关	xīxī-xiāngguān		be closely linked (to); be closely bound up (with)	7—9
706	犀利	xīlì	形	sharp; incisive; trenchant	超
707	戏剧	xìjù	名	drama	5
708	系统	xìtǒng	名	system	4
709	细腻	xìnì	形	exquisite; minute	7—9
710	峡谷	xiágǔ	名	gorge; canyon	7—9
711	狭义	xiáyì	名	narrow sense	超
712	先锋	xiānfēng	名	vanguard; van; pioneer	6
713	先河	xiānhé	名	start	超
714	先驱	xiānqū	名	pioneer; forerunner; avant-courier	超
715	纤维	xiānwéi	名	fibre	7—9
716	掀起	xiānqǐ	动	lift; raise	7—9
717	掀起	xiānqǐ	动	set off; start (a movement, etc)	7—9
718	鲜艳	xiānyàn	形	bright-coloured; gaily-coloured	5
719	显著	xiǎnzhù	形	remarkable	4
720	现世	xiànshì	名	this life; this-worldly	超
721	限制	xiànzhì	动	place/ impose restrictions on; restrict	4
722	线条	xiàntiáo	名	line; streak	7—9
723	宪法	xiànfǎ	名	constitution; constitutional law	7—9
724	相对	xiāngduì	形	relative	7—9
725	香火	xiānghuǒ	名	burning joss sticks	超
726	镶嵌	xiāngqiàn	动	inlay; set	7—9
727	享受	xiǎngshòu	动	enjoy	5
728	想象	xiǎngxiàng	动	imagine; visualize	4
729	消	xiāo	动	eliminate; remove; dispel	7—9
730	消费	xiāofèi	动	consume	3
731	小康	xiǎokāng	形	relatively well-off	7—9
732	效益	xiàoyì	名	beneficial result	7—9
733	邪	xié	形	evil; wicked; heretical	7—9
734	谐音	xiéyīn	动	pronounce homophonically	超
735	携带	xiédài	动	carry; take along	7—9
736	信徒	xìntú	名	follower; disciple believer	超
737	信仰	xìnyǎng	动	believe in	6
738	信众	xìnzhòng	名	believers	超

	词汇	拼音	词性	英译	等级
739	行使	xíngshǐ	动	exercise; perform	7—9
740	行政	xíngzhèng	名	administration	7—9
741	休闲	xiūxián	名	leisure	5
742	修建	xiūjiàn	动	build; construct; erect	5
743	修身	xiūshēn	动	improve oneself	超
744	修养	xiūyǎng	名	self-cultivation	5
745	虚构	xūgòu	动	fabricate; make up; invent	7—9
746	虚拟	xūnǐ	形	suppositional; hypothetical	7—9
747	蓄洪	xùhóng	动	flood storage	超
748	畜牧业	xùmùyè	名	animal husbandry	超
749	选拔	xuǎnbá	动	select	6
750	渲染	xuànrǎn	动	embroider	超
751	学历	xuélì	名	degree education	7—9
752	学派	xuépài	名	school of thought	超
753	学识	xuéshí	名	knowledge	超
754	血缘	xuèyuán	名	ties of blood; consanguinity	7—9
755	熏陶	xūntáo	动	nurture; cultivate; edify; influence (positively)	7—9
756	循环	xúnhuán	名	cycle	6
757	押韵	yāyùn	动	in rhyme	超
758	雅观	yǎguān	形	refined; in good taste	超
759	严谨	yánjǐn	形	compact; well-knit	7—9
760	严密	yánmì	形	carefully worked out; strict	7—9
761	炎症	yánzhèng	名	inflammation	7—9
762	沿岸	yán'àn	名	regions along the bank/coast	7—9
763	沿海	yánhǎi	名	coastal areas	6
764	沿线	yánxiàn	名	along the line	7—9
765	研究生	yánjiūshēng	名	postgraduate	4
766	研制	yánzhì	动	develop	4
767	衍生	yǎnshēng	动	evolve; produce	7—9
768	演变	yǎnbiàn	动	develop; evolve	7—9
769	演化	yǎnhuà	动	evolve	超
770	演奏	yǎnzòu	动	give an instrumental performance; play a musical instrument	6
771	养老	yǎnglǎo	动	provide for the aged	6
772	养生	yǎngshēng	动	keep in good health	7—9

	词汇	拼音	词性	英译	等级
773	窑	yáo	名	porcelain baked in a famous kiln	7—9
774	摇篮	yáolán	名	cradle	7—9
775	要素	yàosù	名	essential factor; key element	6
776	野生	yěshēng	形	wild; uncultivated; feral	6
777	医疗	yīliáo	动	give medical treatment (to)	4
778	医药	yīyào	名	medicine	6
779	依次	yīcì	副	in proper order; successively; in turn; one by one	6
780	依据	yījù	名	basis	5
781	依赖	yīlài	动	rely on	6
782	一贯	yíguàn	形	consistent; persistent	6
783	一脉相承	yímài-xiāngchéng		share the same origins	超
784	遗产	yíchǎn	名	inheritance; heritage	4
785	遗留	yíliú	动	remain	超
786	仪式	yíshì	名	ceremony; ritual	6
787	义务	yìwù	名	compulsory	4
788	抑制	yìzhì	动	(physiology) inhibit	7—9
789	意象	yìxiàng	名	imagery	超
790	因人而异	yīnrén'éryì		vary from person to person; differ from individual to individual	7—9
791	因素	yīnsù	名	factor	6
792	姻缘	yīnyuán	名	a marriage predestined by fate	超
793	银河系	yínhéxì	名	Milky Way	超
794	引导	yǐndǎo	动	lead; guide	4
795	引领	yǐnlǐng	动	lead	7—9
796	隐喻	yǐnyù	名	metaphor	超
797	印刷术	yìnshuāshù	名	art of printing; printing	7—9
798	印证	yìnzhèng	动	verify	7—9
799	英雄	yīngxióng	名	hero	6
800	营利	yínglì	动	make a profit	超
801	影响力	yǐngxiǎnglì	名	influence	超
802	拥有	yōngyǒu	动	possess	5
803	永恒	yǒnghéng	形	eternal	7—9
804	永续	yǒngxù	形	sustainable	超
805	咏	yǒng	动	use poetry and so on to describe	超

	词汇	拼音	词性	英译	等级
806	涌现	yǒngxiàn	动	emerge in large numbers	7—9
807	优惠	yōuhuì	形	preferential; discount	5
808	优先	yōuxiān	动	have priority	5
809	优越	yōuyuè	形	superior; advantageous	7—9
810	悠久	yōujiǔ	形	long in time	7—9
811	由此	yóu cǐ		from this; therefrom; hence; thus	5
812	游说	yóushuì	动	lobby	超
813	有机	yǒujī	形	organic	7—9
814	有目共睹	yǒumù-gòngdǔ		be perfectly obvious	超
815	有助于	yǒuzhùyú	动	contribute to; conduce to; be conducive to; subserve	7—9
816	釉	yòu	名	(porcelain) glaze	超
817	与日俱增	yǔrì-jùzēng		grow with each passing day	7—9
818	宇宙	yǔzhòu	名	universe	7—9
819	预示	yùshì	动	betoken; forebode; indicate; presage; herald	7—9
820	欲望	yùwàng	名	desire	7—9
821	寓意	yùyì	名	implication; allusion; moral; message; implied meaning	7—9
822	渊博	yuānbó	形	profound	超
823	园林	yuánlín	名	garden; park	5
824	原理	yuánlǐ	名	principle	5
825	原始	yuánshǐ	形	original; firsthand	5
826	原型	yuánxíng	名	prototype	7—9
827	原则	yuánzé	名	principle	4
828	原子弹	yuánzǐdàn	名	atomic bomb	超
829	源头	yuántóu	名	source; fountainhead	7—9
830	源远流长	yuányuǎn-liúcháng		have a long history	超
831	远程	yuǎnchéng	形	long distance; (computer) remote	7—9
832	允许	yǔnxǔ	动	permit; allow	6
833	孕育	yùnyù	动	give birth to; be pregnant with	7—9
834	运河	yùnhé	名	canal	7—9
835	运营	yùnyíng	名	operation	7—9
836	韵味	yùnwèi	名	quality of musical sound/tone	7—9
837	杂交	zájiāo	动	(biology) hybridize	7—9

	词汇	拼音	词性	英译	等级
838	灾	zāi	名	personal misfortune; adversity; mishap	5
839	灾害	zāihài	名	disaster	5
840	再生	zàishēng	动	reprocess; recycle; regenerate	6
841	载体	zàitǐ	名	medium; carrier	7—9
842	暂时	zànshí	形	temporary; for the moment	5
843	赞叹	zàntàn	动	gasp in/with admiration; highly praise	7—9
844	造型	zàoxíng	名	modelling; mould-making	4
845	造纸术	zàozhǐshù	名	paper making technology	7—9
846	增产	zēngchǎn		increase	5
847	扎实	zhāshi	形	sturdy; firm; strong	6
848	占领	zhànlǐng	动	capture; occupy	5
849	战略	zhànlüè	名	strategy	6
850	战术	zhànshù	名	tactics	6
851	掌管	zhǎngguǎn	动	be in charge of; take charge of	7—9
852	障碍	zhàng'ài	名	obstacle	6
853	哲学	zhéxué	名	philosophy	6
854	针灸	zhēnjiǔ	名	acupuncture	7—9
855	珍稀	zhēnxī	形	rare	超
856	诊断	zhěnduàn	动	diagnose	5
857	缜密	zhěnmì	形	meticulous	超
858	振兴	zhènxīng	动	cause to prosper; promote	7—9
859	争夺	zhēngduó	动	fight for	6
860	政策	zhèngcè	名	policy	6
861	政权	zhèngquán	名	political (state) power	6
862	之	zhī	代	used as the object of a verb to refer back to what has been mentioned previously	7—9
863	支配	zhīpèi	动	dominate; rule	5
864	职责	zhízé	名	duty; obligation	6
865	植被	zhíbèi	名	vegetation	超
866	指南针	zhǐnánzhēn	名	compass	7—9
867	指数	zhǐshù	名	exponent; index number; index	6
868	至高无上	zhìgāo-wúshàng		supreme; paramount	超
869	至关重要	zhìguānzhòngyào		be of great importance	7—9
870	制造业	zhìzàoyè	名	manufactory industry	超
871	制作	zhìzuò	动	make; manufacture	3

	词汇	拼音	词性	英译	等级
872	治国	zhìguó	动	administer a country	超
873	治理	zhìlǐ	动	govern	5
874	致富	zhìfù	动	grow rich; amass wealth	7—9
875	秩序	zhìxù	名	order	7—9
876	智慧	zhìhuì	名	wisdom; intelligence	6
877	滞后	zhìhòu	动	lag behind	7—9
878	中断	zhōngduàn	动	suspend	5
879	中药	zhōngyào	名	traditional Chinese medicine	5
880	中医	zhōngyī	名	traditional Chinese medicine science	2
881	肿瘤	zhǒngliú	名	tumour	7—9
882	种植	zhòngzhí	动	plant	4
883	周期	zhōuqī	名	period; cycle	5
884	周期	zhōuqī	名	period; cycle period; periodical duration	5
885	昼夜	zhòuyè	名	day and night; round the clock; all the time	7—9
886	逐渐	zhújiàn	副	gradually	4
887	主权	zhǔquán	名	sovereign rights; sovereignty	7—9
888	著作	zhùzuò	名	work	4
889	铸	zhù	动	cast; coin	超
890	专利	zhuānlì	名	patent	5
891	专制	zhuānzhì	形	autocratic	7—9
892	砖	zhuān	名	brick	7—9
893	转化	zhuǎnhuà	名	conversion	5
894	转折	zhuǎnzhé	动	have a turnaround	7—9
895	撰写	zhuànxiě	动	write (usually short articles)	7—9
896	装饰	zhuāngshì	名	ornament	5
897	壮大	zhuàngdà	动	expand; strengthen	7—9
898	追求	zhuīqiú	动	court; woo; go/run after	4
899	追溯	zhuīsù	动	trace back to; date back to	7—9
900	资源	zīyuán	名	resources	4
901	自发	zìfā	形	spontaneous	7—9
902	自负盈亏	zì fù yíngkuī		assume sole responsibility for one's own profits or losses	超
903	自给自足	zìjǐ-zìzú		self-contained	超
904	自然而然	zìrán-érrán		come very naturally; as a matter of course	7—9

	词汇	拼音	词性	英译	等级
905	宗教	zōngjiào	名	religion	6
906	宗族	zōngzú	名	clan; patriarchal clan	超
907	总部	zǒngbù	名	headquarters	6
908	走私	zǒusī	动	smuggle	6
909	阻碍	zǔ'ài	动	hinder; block; impede; obstruct	5
910	祖先	zǔxiān	名	ancestors; forbears; forefathers	7—9
911	尊称	zūnchēng	名	courtesy title	超
912	遵守	zūnshǒu	动	abide by; comply with	5
913	遵循	zūnxún	动	follow	7—9

语法总表

第一章
1. 尤为【七—九010】
2. 所【六22】
3. 基于【七—九52】
4. 极为【七—九005】

第二章
1. 以……为【七—九083】
2. ……，也就是说……【七—九125】
3. ……，而……（则）……【七—九106】
4. 因……而……【七—九84】

第三章
1. 与此同时【七—九076】
2. 被/为……所……【七—九089】
3. 及【七—九054】

第四章
1. 之所以……，是因为/是由于……
   【七—九117】
2. 所谓……（就）是……【七—九081】
3. 除此之外【七—九070】

第五章
1. 于【六13】
2. ……，以……【七—九123】
3. 尤其【五03】
4. ……便……【六44】

第六章
1. 将【五10】
2. 不妨【七—九030】
3. 动词+起来【五34】

第七章
1. 比起……（来）【七—九90】
2. ……，且……【七—九100】
3. 继而【七—九055】

第八章
1. 尽管……，但（是）……【五45】
2. 随着……【五09】
3. 总的来说【七—九079】

第九章
1. ……，进而……【七—九096】
2. 乃至【七—九099】
3. 从而【五15】
4. 拿……来说【五29】

第十章
1. "有"字句【五38】
2. 据【六19】
3. 为了……而……【六37】

第十一章
1. 一旦……就……【五46】
2. 该【七—九003】
3. ……化【六02】

第十二章
1. 之【七—九056】
2. 皆【七—九013】
3. 纵然……，也……【七—九122】